地方国企债券风险溢出的双重效应研究

—— 基于地方政府隐性担保视角

白 静◎著

DIFANG GUOQI ZHAIQUAN FENGXIAN YICHU DE
SHUANGCHONG XIAOYING YANJIU

JIYU DIFANG ZHENGFU YINXING DANBAO SHIJIAO

中国财经出版传媒集团

经济科学出版社
Economic Science Press

·北京·

图书在版编目（CIP）数据

地方国企债券风险溢出的双重效应研究 ： 基于地方政府隐性担保视角／白静著 . -- 北京 ： 经济科学出版社，2025. 2. -- ISBN 978 - 7 - 5218 - 6788 - 6

Ⅰ. F832.51

中国国家版本馆 CIP 数据核字第 2025P0F567 号

责任编辑：于 源 侯雅琦
责任校对：李 建
责任印制：范 艳

地方国企债券风险溢出的双重效应研究

——基于地方政府隐性担保视角

DIFANG GUOQI ZHAIQUAN FENGXIAN YICHU DE SHUANGCHONG XIAOYING YANJIU

——JIYU DIFANG ZHENGFU YINXING DANBAO SHIJIAO

白 静 著

经济科学出版社出版、发行 新华书店经销

社址：北京市海淀区阜成路甲 28 号 邮编：100142

总编部电话：010 - 88191217 发行部电话：010 - 88191522

网址：www. esp. com. cn

电子邮箱：esp@ esp. com. cn

天猫网店：经济科学出版社旗舰店

网址：http：//jjkxcbs. tmall. com

北京季蜂印刷有限公司印装

710 × 1000 16 开 14 印张 200000 字

2025 年 2 月第 1 版 2025 年 2 月第 1 次印刷

ISBN 978 - 7 - 5218 - 6788 - 6 定价：62.00 元

（图书出现印装问题，本社负责调换。电话：010 - 88191545）

（版权所有 侵权必究 打击盗版 举报热线：010 - 88191661

QQ：2242791300 营销中心电话：010 - 88191537

电子邮箱：dbts@ esp. com. cn）

前　言

　　资本市场作为优化要素资源配置、提高投融资机制的重要平台，在我国追求并实现经济高质量发展的过程中扮演着关键角色。其中，提高直接融资比例成为引导资源有效服务实体经济的重要任务。党的二十大报告中指出，"健全资本市场功能、提高直接融资比重"是中国新形势下资本市场改革发展的重要任务。目前，我国资本市场还存在着资本市场发展失衡、资金配置结构不均的现象。债券作为一种重要的直接融资工具，中国债券市场在过去十几年快速发展，在2018年底债券融资规模已经跃居全球第二位，融资规模也超过股票市场。然而，在债券市场长期由国有企业和地区明星企业主导的情况下，地方政府出于维持经济稳定、保护国有资产等原因，在企业处于困境时会通过财政补贴、注入资本等方式对受困企业进行直接或间接的援助，投资者基于政府隐性担保对债券市场形成了刚性兑付的预期。在此情况下，债券市场中九成以上的资金主要流向国有企业，市场融资主体分层明显，这削弱了债券市场资金配置效率，更不利于债券市场服务实体经济功能的发挥。

　　自2015年4月首只国有企业债券"11天威MTN2"发生实质性违约以来，国有企业债券违约逐渐常态化。截至2023年底，国有企业债券违约已达163例，债券违约余额为1860.14亿元，约占整体债券违约规模的28%。另外，国有企业债券违约主体呈现"高评级"特征，以2020年违约的78只国有企业债券为例，55只发行主体信

1

用评级为"AAA","AA"评级以上债券高达 76 只。

一方面，国有企业债券违约可能意味着该地政府的财政处于紧张状态，因此难以及时对债券发行人进行救济，导致本息未及时兑付而发生违约。国有企业作为经济发展的重要支柱，投融资方向基本反映了地区经济的战略发展目标，与地方政府信用和资本天然联系。相较于其他发债主体，国有企业债券违约更大程度地向市场参与者传递地方政府隐性担保的能力和意愿。在市场长期处于政府隐性担保的投资逻辑下，基于逆向选择筛选债券发行人资质的机制失效，利益相关者的监督能力和风险意识长期缺位，金融中介的风险鉴别能力普遍不高，加剧了债券发行人的道德风险问题。在国有企业债券违约突发情况下，很可能出现债券持有人、利益相关方的恐慌行为。在现代经济高度分工的特点下，金融机构、企业和资金提供者资产负债表之间的关联性将使债券违约风险进一步溢出，加剧金融不稳定性。此外，国有企业债券违约预警的缺失，不仅意味着信用评级机构等中介同样缺乏对于地方政府隐性担保削弱及相应风险的认识，更意味着其评估预测风险的能力，已与市场参与者对于高质量信用评级的需求出现失衡。这加剧了投资者对于信用评级风险鉴别能力的信任危机，将进一步扩大债券违约的溢出效应。

即使后期部分债券违约处置过程中本息得到部分偿还和兑付，但政府信用修复需要较长时间，投资者的风险偏好可能已经发生改变，这对地区经济发展和资本市场健康运行造成很大冲击。另外，我国债券违约回收率过低，据 Wind 数据统计，截至 2022 年底，国企债券违约回收率仅为 6.58%，民企回收率为 4.63%。

比如，2020 年 11 月 10 日，河南国资委独资公司永城煤电控股集团公司（简称"永煤"）发生违约，债券市场受到明显冲击，相关行业、相关省份信用债暴跌，多只债券取消发行，利率债、国债市场随之受到波及，资金持续紧张，相关中介机构后续受到处分。

2020 年 12 月，在河南省政府协调下，50% 本金得以偿还。但截至 2021 年 6 月，河南省债券发行成本依然高于上年同期水平。

另一方面，债券刚兑本为时代产物，随着市场化进程的加快，债券违约可能促使该地区政府加快探索和推行债券市场化改革。从长期来看，这有助于优化资本市场的信贷资源配置功能，实现经济高质量发展的战略目标。国有企业债券违约本应为健康融资市场的正常现象，这意味着具有落后产能或经营不善特征国企的信用风险被市场逐渐识别，实际上是货币结构和监管改善的结果，是国企融资定价机制向市场化靠近的结果，是地方政策鼓励金融资源向实体、向民企、向中小企业倾斜的结果。事实上，国企在市场准入、产权保护和监管待遇等方面长期处于优越地位，这传导至信贷市场和产品市场上，进而引发信贷歧视和垄断租金问题（刘瑞明和石磊，2011）。那么，地方国有企业债券违约在风险释放的同时，可能有助于提升市场资金配置效率，提升民企和国企公平竞争的融资环境。

总之，国企债券违约意味着债券刚性兑付的潜在预期逐渐被削弱。因此，在政府隐性担保逐渐削弱，而市场相应机制、参与方相应能力和意识无法及时完善的当下，监管方如何认识和理解国有企业债券违约风险溢出效应的内涵、投资者如何防范和识别风险、利益相关方如何应对风险溢出、地方政府如何定位并引导资源配置，对化解金融风险、安稳度过改革的"阵痛期"至关重要。

然而，受制于"重股轻债"的惯性研究思维，对于债券市场的学术研究较少。现有文献更多地关注了债券市场中政府隐性担保的测量和形成机制研究。部分学者从预算软约束、财政分权、土地财政等理论范畴出发，使用地区财政收入、税收收入、财政转移支付、固定资产投资、地方政府债务置换强度等地区财政状况衡量债券市场中政府隐性担保能力和意愿（罗荣华和刘劲劲，2016；王博森等，2016；韩鹏飞和胡奕明，2015；钟辉勇等，2016；魏明海等，2017；

钟宁桦等，2021）。而针对国有企业债券违约风险，现有研究多聚焦于国企债券首次违约事件，考察同一地区或同一行业间企业债券信用利差或融资成本的影响（王叙果等，2019；张雪莹和刘茵伟，2021；杨璐和方静，2021；蔡庆丰和吴奇艳，2022；王茹婷等，2022），但是现有结论并不一致，也鲜有研究从债券违约的动态视角关注企业融资行为的变化。同时，现有研究更多关注国企债券违约的负面后果，仅有金等（Jin et al.，2022）探究了国企债券违约的正面效应，他们发现国企债券违约后同地区国有企业过度投资行为下降。但是，目前还未有研究关注国企债券违约的其他风险溢出路径，并从微观企业个体层面跳出，进一步从宏观层面整体评估国企债券违约的净效益。另外，考虑到国企债券违约意味着地方政府的隐性担保预期逐渐被削弱，那么分层级观察不同产权性质企业的融资差距也是非常现实和重要的研究问题。

由于地方政府或实际控制人是否救助是地方国有企业发生债券违约的直接原因，那么地方国有企业债券违约的信用风险是否会溢出到同一实际控制人的其他公司，这在债券市场和股票市场上是否会产生以及产生哪些市场反应？另外，这些关联公司的融资情况是否会发生改变，在违约债券的不同特征下、公司的不同特质下、行业或者区域的不同特征下，这一影响有哪些差异？进一步地，如若地方国企债券违约使关联公司融资成本上升，这是否会缩减国企与民企之间的融资差距？国企债券违约是否具有正面效应，对于不同产权性质公司的融资情况有哪些影响，能否缓解信贷歧视和产品市场中垄断租金问题？

基于以上分析，本书从国有企业债券违约形成的逻辑出发，基于关系网络中的风险溢出理论，依循国有企业债务问题中地方政府隐性担保预期出现并逐渐被削弱的根本逻辑，借助地方国有企业债券违约事件的渐进发生，探究地方政府隐性担保预期打破后的风险溢出路径，对地方国有企业债券违约风险溢出机制进行系统性梳理和论证，考察债券市场中地方政府隐性担保预期削弱下的溢出效应对企业融资状况、对资源在不同产权性质企业间分配结构的影响。

　　本书从中国金融去杠杆的制度背景出发，探究改革过渡期下地方政府隐性担保预期"由内打破"而非"由外打破"如何影响国企与民企资源配置结构，指出企业内部发展调整而非外部宏观产业政策操作对资本市场资源配置效率的重要作用。本书的研究成果有助于客观系统的评估中国地方国企债券违约事件信用风险溢出效应，为实体经济间的风险溢出理论提供了经验证据。此外，本书有助于加深对地方国有企业债券违约溢出路径的理解，探寻国有企业债务问题对企业实体部门的影响及应对措施，为推进债券违约市场化机制提供借鉴。

　　书卷多情似故人，晨昏忧乐每相亲。本书根据作者求学二十余载所成的博士毕业论文改编而来，当然，由于作者水平有限，书中不足之处在所难免，欢迎读者批评指正。

目　　录

第一章

制 度 背 景

第一节 中国信用债市场的发展与现状

中国债券市场始于 20 世纪 80 年代，市场规模在近 20 年中迅速发展，截至 2023 年末，中国债券市场存量债券已超过 158 万亿元，成为企业仅次于贷款的第二大融资渠道。相较于国债、央票等利率债品种，信用债以非政府企业作为发行主体，以企业的信用作为担保，为无法获得银行信贷的发行人提供了充裕的、低成本的融资渠道，支持实体经济发展和确保金融资源配置的作用更为突出。

非金融类信用债（以下简称"信用债"）根据债券品种分别在交易所和银行间市场上市交易，受到发改委、证监会、交易商协会的监管。按照出现的先后顺序，信用债的主要品种包括企业债、短期融资券、公司债、中期票据、超短期融资券和非公开定向债务融资工具。关于发行监管制度，企业债和公司债长期以来实施核准制，但是在 2020 年新《中华人民共和国证券法》正式实施后，我国债券发行全面施行注册制

（见表 1-1）。从信用债投资者分布情况来看，商业银行是信用债的主要持有者，占比达到 50% 以上。其他持有者主要分布在保险、基金、券商等金融机构。值得注意的是，银行理财产品近几年成为信用债的重要配置力量，在 2019 年银行理财配置信用债比例首次超过 50%，后续缓慢下降。截至 2023 年末，理财产品持有信用债 12.24 万亿元，约 43% 的理财资金配置在信用债市场①。

表 1-1　　　　　　　　　　我国主要信用债品种

品种	主管部门	发行主体	交易场所	发行监管制度
企业债	国家发改委	上市/非上市	银行间债券市场、交易所债券市场	注册制
公司债	证监会	所有公司制法人	交易所、全国中小企业股份转让系统、证券公司柜台	注册制
中期票据	银行间交易商协会	上市/非上市	银行间债券市场	注册制
短期融资券	银行间交易商协会	上市/非上市	银行间债券市场	注册制

信用债市场主要可以分为四个发展阶段，萌芽阶段（1983～2003年）、初级阶段（2004～2008年），发展阶段（2009～2014年）和扩张阶段（2015年至今）。萌芽阶段我国债券市场债券品种单一，相关制度安排仍在探索，市场处于无序缓慢发展阶段。1983年，少量企业开始自发向社会或企业内部集资，标志着信用债发行开始萌芽，但是市场上还未有相关的监管条例。1987年3月，国务院颁布实施了首个债券相关条例《企业债券管理暂行条例》，标志着我国的首个信用债

---

① 资料来源于 Wind 数据库。

品种——企业债券的出现，该项规定明确了企业发行企业债券受到政府分配额度和发行利率上限的规定，即债券市场以计划指令运行。1997 年 6 月，中国人民银行发布《关于各商业银行停止在证券交易所证券回购及现券交易的通知》，中债登被指定为市场的债券登记、托管与结算机构，全国银行间债券市场开始形成。在信用债发展萌芽期，债券品种中企业债占主导，该阶段债券发行指令性较强，市场化程度不高。

2005 年以后，与债券市场相关的政策逐渐出台，债券改革试点办法相应产生，以企业债为主的各类基础债券品种逐步齐备，但在各项配套机制不完善的情况下，市场发展缓慢。2007 年 8 月 14 日，证监会颁布并实施《公司债券发行试点办法》，提出公司债券发行审核制度采用核准制，不强制要求提供担保，募集资金用途不再与固定资产投资项目挂钩，公司债券发行价格由发行人与保荐人通过市场询价确定，且允许上市公司一次核准，分次发行等举措。《公司债券发行试点办法》的出台放宽了大型公司融资门槛，一定程度上降低了公司的融资成本，激发公司通过发行公司债进行融资的积极性。紧接着，在 2008 年 1 月 2 日，国家发改委发布《国家发展改革委关于推进企业债券市场发展、简化发行核准程序有关事项的通知》，对企业债券发行核准程序进行改革，将先核定规模、后核准发行两个环节，简化为直接核准发行一个环节，精减了审核流程，同时发行规定要求也更与市场挂钩，不再强制要求发行利率，并增加了企业债券的市场化约束机制，促使无担保信用债券、资产抵押债券、第三方担保债券等多种类型债券的产生。根据 Wind 数据库，通过 2007~2008 年改革办法的落地，企业债、公司债市场规模开始逐步接近 2 万亿元。虽然两项举措带动了一部分发行个体的积极性，但是与之相配套的监管机制和评级机构等还处于滞后阶段。此时，信用债市场一方面呈现发债规模小、发行主体相对优质的特点，另一方面表现出相关监管机制落后、信息不透明程度高的问题，市场参与者处于摸索阶段。

进入 2009 年后，受益于宏观宽松政策，特别是"四万亿计划"的实施，信用债规模快速扩张，成为以城投为代表的发行人的重要融资方式。截至 2014 年末，信用债存量规模已达到 14.51 万亿元，企业债、中期票据和短期融资券规模占比达到一半以上，同时中小企业私募债、非公开定向债务融资工具等新品种出现，相应中介机构的规模和能力也得到快速发展。其中，券商作为重要的债券承销机构，依靠产品和渠道优势，在债券产品设计、发行过程中发挥了主要作用；同时，信用评级机构、审计机构、担保机构也在债券发行过程各司其职，而律师和评估机构的重要性较低。这一阶段，市场参与者整体信用风险意识不足。

进入 2015 年后，信用债券市场进入快速扩张但风险问题逐渐凸显的阶段。2015 年 1 月 15 日，《公司债券发行与交易管理办法》正式公布实施。公司债新的交易办法出台后，发行主体资格放宽，发行方式更为多样，简化了发行审批流程，同时增设全国中小企业股份转让系统交易场所，公司债券市场一级市场和二级市场规模快速扩张，相比之下企业债则处于缓慢发展阶段。2020 年 3 月，新《中华人民共和国证券法》正式生效，国家发改委、证监会同时发文，企业债、公司债实行注册制，中国信用债市场正式进入注册制时代。我国信用类债券市场逐步迈入改革开放和高质量发展阶段。

根据 Wind 数据库，截至 2023 年末，信用债存量余额为 34.54 万亿元，公司债规模占比超过 30%，专项债券、绿色债券、永续债券等新的债券品种陆续推出，具体各个债券品种存量占比如图 1−1 所示。但在信用债信息披露规定、债券偿付法律不完善、中介机构监管缺失、投资者风险意识淡薄的情况下，信用债结构分化严重，信用风险事件不断增加，对于债券发行人的信息披露要求、第三方中介的法律责任和义务趋于严格。

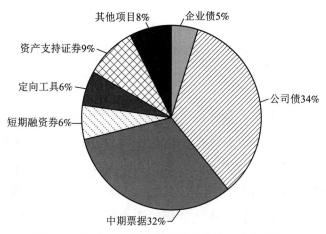

图 1 – 1　截至 2023 年末信用债各债券品种存量占比

为对债券发行、交易过程中的行为全面开展监督管理，确保债券市场的公平、公正、高效地运行，监管当局出台了一系列政策制度文件规范债券市场融资行为以及第三方机构的服务效率，厘清政府与企业边界。2021 年 8 月 19 日，人民银行、发展改革委、财政部、银保监会、证监会和外汇局联合发布《关于推动公司信用类债券市场改革开放高质量发展的指导意见》，这被视为我国经济发展新形势下信用债市场改革发展的纲领性文件。该文件从信用债发行人、中介机构、投资者等方面进行严格规范，既强调防范风险，又明确表示推进违约债券市场化的处置，对推进信用债市场的市场化、法治化违约债券处置机制建设具有长远意义。其中，该文件明确指出"地方政府引导国有企业优化资产负债结构，完善公司治理机制，政府以出资额为限承担有限责任"，这有助于强化发行人市场意识和法治意识，形成信用分层的风险定价体系。2023 年 3 月，《党和国家机构改革方案》提出，在 2023 年 10 月 20 日前将国家发展和改革委员会的企业债券发行审核职责划入中国证券监督管理委员会，由中国证券监督管理委员会统一负责公司（企业）债券发行审核工作。该项规定使得公司债券和企业债券发行审核处于统一标准，有利于强化债券市场统一监管，降低投资者交易成本，增强投资者保护。

第二节 国有企业债券违约背景

2014 年中国首次出现债券违约现象，2015 年 4 月首只国有企业债券"11 天威 MTN2"发生违约，国有企业"刚性兑付"的市场预期逐渐被打破。根据 Wind 数据统计，截至 2023 年底，共发生违约债券 821 只，违约规模达 7414.28 亿元，其中涉及 442 个发行主体，国有企业 63 个，占比达到 14%，违约国企多集中于落后产能行业，如煤炭、钢铁等，但也逐渐向商业贸易、建筑、房地产等行业蔓延，行业分布逐渐分散。从违约时间来看，国有企业债券违约集中于 2016 年和 2020 年。由于国有企业债券融资规模大、存量债券多、品种复杂，单一债券发生违约后易引起其他债券的连环违约，风险扩散范围迅速增大。例如，2020 年国有企业债券违约余额几乎和民营企业持平，严重冲击了市场参与者的投资逻辑，对于整个地区金融环境带来较大的负面影响。表 1-2 展示了信用债分结构违约余额的情况。

表 1-2 信用债分结构违约余额 单位：亿元

年份	地方国有企业	中央国有企业	民营企业	中外合资企业	公众企业
2014			12.6		
2015	3.0	43.1	57.8	6.1	
2016	138.5	41.0	102.9	14.0	
2017	61.7		205.5		
2018	47.5	41.5	810.0	3.0	18.4
2019	58.1	64.2	988.6	22.0	59.2
2020	518.0	424.4	878.4	59.5	142.0

相比民营企业，地方政府或实际控制人是否救助成为影响国有债券违约的直接原因，但深究违约的根本原因在于国有企业长期盈利能力弱、激进投资、盲目扩张、内部治理体系不完善，加之宏观周期调整，信用环境收紧，在行业不景气的情况下缺乏抵御风险的能力和缓冲制度，在政府无法提供救助时出现大面积违约。具体而言，一方面，经济增长放缓，自2016年以来，我国经济增速逐渐放缓，企业经营压力增大，尤其是产能过剩行业和高杠杆企业。而从2017年开始，央行主导的金融去杠杆政策使得市场流动性收紧，企业融资成本上升，偿债压力加大。此外，2014年修改的《中华人民共和国预算法》使得地方政府债务管理趋严，部分地方国企融资渠道受限。另一方面，国有企业存在内部管理问题，比如高杠杆、资金占用严重、债务结构不合理等财务问题导致企业偿债能力下降。部分企业主营业务盈利能力下降，经营风险增加。

以2015年保定天威集团违约事件为例，保定天威主营业务包括输变电业务、光伏、风力发电等业务。受制于光伏行业持续不景气，保定天威在2011~2015年营业收入持续下滑，自2011年公司连年亏损，偿债和盈利能力下滑。控股股东为避免自身利益受到影响，逐步转移优质资产至其他子公司致使保定天威亏损进一步扩大，最终出现资不抵债现象。本节将国企债券违约原因整理归纳为四大原因：盈利能力弱、债务负担重、外部支持低和公司治理差，具体情况见表1-3。

表1-3　　　　　　　　国有债券违约原因总结

主要原因	表现形式	违约企业代表
盈利能力弱	行业低迷、行业产能过剩 资产变现能力弱 业务模式问题	中国二重、东北特钢、四川煤炭 永煤控股 中国中钢
债务负担重	投资激进 盲目扩张 债务集中到期	紫光集团 保定天威 华阳经贸、华晨集团

主要原因	表现形式	违约企业代表
外部支持低	控制人支持力度弱 融资能力下降	华阳经贸、北大方正、永煤控股 东北特钢、永煤控股
公司治理差	股权关系复杂 财务质量差	华晨集团、西王食品 桑德环境

第三节　地方国有企业融资背景

社会制度根源于历史，其变迁具有严格的路径依赖性。我国的经济体系内嵌于政治体制中，市场与经济组织处于国家主导之下（王永钦，2014），这意味着地方国企以地方政府作为出资人，在资源获取上处于天生优势地位。自新中国成立之初，毛泽东明确提出对待国企和民企"有所不同，一视同仁"的政策路线，国企在经济发展中占据领导地位[①]。国企服务于国家战略发展，承担着履行国家受托责任和社会建设的重要责任，国企优先进入钢铁、石油、电力等战略性、基础性行业。在社会主义计划经济时代，资源直接拨付给国企，不存在独立的信贷市场。

改革开放后，市场经济被激活，国企和民企之间的线路差异被弱化，但是由于国企仍然掌握着大量的关键要素资源，享受市场准入、行政监管等特殊优待，在行业上游形成垄断，获得大量的隐性税收。我国金融体系依托于地方政府，这更加深了国企在信贷市场和债券市场上的融资优势。这是因为我国信贷市场成立初期主要通过指令进行资源配置；在债券市场中，信用评级成为企业获得债券发行资格的重要评定工

① 毛泽东. 对私营工商业要有所不同、一视同仁［M］//毛泽东文集（第六卷）. 北京：人民出版社，1999：61 – 62.

具，而我国的信用评级行业是在政府的监管要求下成立的，这使国有企业成为我国信用债市场的主要融资主体。20 世纪 80 年代，地方国企开始了放权让利的改革，借助在生产要素市场和资本要素市场的优势，地方国企在这段时间迅速发展壮大，投融资期限错配、资源扭曲等风险也逐渐显露。这段时期，国企的利润主要来源于垄断租金而非竞争利润，加之内部治理体系薄弱，地方国企效率低下，在行业红利消失后，国企出现大面积亏损，国有银行体系进一步受到拖累。例如，1994 年底国有企业的平均资产负债率为 79.36%，面临较大的偿债压力（陆正飞，1996）。

1997 年党的十五大从战略层面上对国有经济重新布局，实施国有企业股份制改革。同时，1998 年后信贷市场向市场化转型，商业银行也开始股权制改革。在 1998 ~ 2000 年的"抓大放小"改革中，地方政府帮助位于上游行业的大型国企脱困，而小型国企则进行改制或者重组，其间核销银行呆坏账准备金达 1261 亿元（张文魁和袁东明，2008），期望商业银行逐渐成为自负盈亏、自担风险的独立经营个体。这些改革在一定程度上缓解了地方国企生产效率低、决策不灵活等问题，削弱了银行对地方国企的直接信贷输送渠道，但却逐渐衍生出地方政府依靠国企成立地方融资平台、以土地资源为核心的财政运作方式（张莉等，2018），反而形成了另一条国企通过信贷市场和债券市场融资的渠道。尤其是在 2008 年后，地方融资平台的融资功能得到中央政府的官方认可，国有企业通过信贷市场和债券市场获取的资金比例进一步上升。这主要在于地方政府信用的担保作用，地方国企通过政府优质资产注入或承接政府授权项目等不断提升融资能力，国企与民企之间的融资规模分化愈加明显。根据 Wind 数据库，图 1 – 3 绘制了地方国有企业与民企逐年发债企业的银行授信额度，两者获取授信额度的差距依然在逐年增大。以 2020 年为例，地方国有企业拥有 247.42 万亿元的授信额度，而民营企业为 37.22 万亿元，不足地方国有企业的 1/7。

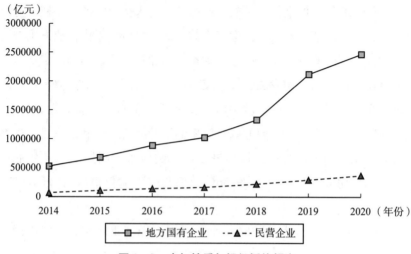

图1-3 产权性质与银行授信额度

资料来源：Wind 数据库。

第四节 本 章 小 结

本章梳理了中国信用债券市场发展现状、国有债券违约的制度背景和地方国有企业融资背景，指出目前中国债券市场发展处于变革阶段，债券违约逐渐常态化，而国企债券违约多源于盈利能力弱的问题。同时，通过回顾地方国有企业融资的制度背景指出地方国企融资的现状，以及与民企相比国企在融资市场上一直处于优势地位。通过对于上述制度的梳理，有助于理解地方国企债券违约的历史原因和底层逻辑，有助于把握地方国企在信贷市场和债券市场中的融资画像，这些均为本书研究框架的构建提供了有益参考。

第二章

理 论 基 础

第一节　网络效应中的风险溢出理论

网络效应（network effects）又称为网络外部性或网络溢出效应，指经济环境中各主体间的网络联系会导致单一主体行为影响其他主体效用的现象。金融系统的本质在于促成资金需求者和提供者的交易，通过分配双方资金的流动性来达成参与者风险收益的最优匹配，因此构建关联性、发挥资金中介作用是金融系统存在的天然属性。网络效应虽有利于风险共担，在宏观经济向好时发挥正向金融加速器作用，但在负面冲击下也成为风险扩散的机制，具有明显的顺周期特征（Bernanke et al.，1999；周小川，2009；Acemoglu et al.，2012，2015），最终形成局部性甚至系统性风险。系统性风险的核心概念即为金融风险溢出效应，具体指单一机构、市场或者系统的困难处境和向其他机构、市场或者系统的传播行为（De Bandt and Hartman，2000），金融机构和市场之间的强关联性催生了"太紧密而不能倒"（too interconnected to fail）或"太大而不能到"（too big to fail）的问题（Glasserman and Young，2016），这使得对于系统的冲击不仅可以是外生的，还可能蕴藏在系统内参与者的道德风险中。布鲁斯科和卡斯蒂利奥内西（Brusco and Castiglionesi，2007）认为银行的道德风险会促使银行投资更多长期资产以获取高收益，但也会因此承担更多风险，在流动性冲击下容易引发系统内生性的风险溢出效应。

当市场某一参与主体无法履行支付责任，在网络效应的加速作用下，系统中其他个体未发生偿付违约行为或资金财务状况等基本面未发生变化，也可能引发风险传染行为。这在于投资者预期下的信息传染、资产抛售、资产的相似特征或者共同风险敞口的存在，在个体异质性和信息不对称的情况下会进一步放大传染效应（Glasserman and Young，2016）。格特勒和卡雷达（Gertler and Karadi，2011）发现巴塞尔协议对资本充足率有着严格要求，当流动性不足时，金融机构通过出售或置换资产来满足短期流动性。虽然并未引发流动性危机，但这一行为在信息不对称的情况下可能会引发市场的恐慌情绪，在信息传染效应下，资产抛售、资金撤回现象发生，投资者负面预期会自我实现（宋海燕，2003；陈国进和马长峰，2010），而资金撤回的现象同样会出现在其他流动性不足或具有同样风险敞口的金融机构中并引发新的传染风险（Allen and Gale，2000）。布鲁纳迈尔（Brunnermeier，2009）通过金融机构间利率互换协议的例子，说明金融机构之间的风险对冲行为并未降低金融市场总体风险。

一、金融机构与实体经济间的风险溢出效应

金融机构与实体经济间的风险溢出效应主要在于经济系统中企业部门、金融机构和资金提供者资产负债表之间的相互关联性（Shin，2008；Adrian and Shin，2009）。在会计公允价值计量规则下，经济运行中的价格波动会反映到资产负债表中，然而资产价格不仅会受到资产基

本面的影响还会掺杂市场系统性风险因子，这使得企业的资产负债表更为不确定，公司价值与市场系统性风险的相关性增强。此时，在资产价格剧烈波动的过程中，企业资产负债表的稳健性降低，企业融资和投资受到影响（王义中和何帆，2011），这会进一步扩散至经济系统中的其他主体，引发风险溢出。

现有模型从三大方面刻画了资产负债表联系下金融部门与实体经济间的风险溢出效应。首先，在公允价值的会计计量规则下，公司处于负面处境时易引发企业经营目标错配。经济处于萧条时期，公司资产随之缩水，而在经济泡沫期资本扩张等行为产生的大量负债规模不会随之减少，此时公司虽能维持正常运转，但经营目标也从利润最大化变为负债最小化从而掩盖可能的资不抵债危机，此时产生的利润主要用于偿还债务而非再生产，公司"资产负债表衰退"，国家经济总体进一步走入衰退阶段（Koo，2001）。其次，在资产波动时，公司资产缩水，在信息不对称的市场环境下，公司获取外部融资可能性降低，融资成本上升，生产投资活动随之下降，引发风险进一步溢出（Bernanke，2009）。最后，资产波动情况下同样会通过抵押品价值下降导致风险扩散（Kiyotaki and Moore，2002）。

二、实体经济中公司间的风险溢出效应

上述风险溢出效应均与金融机构或者与系统性风险因素相关，即实体经济中公司违约风险频发主要是由于这些公司处于相同或者相关的风险环境中，如 GDP 增长速度、利率水平等宏观因素，大量的研究和理论模型也分析和证实了这一观点（Chava and Jarrow，2004；Mortensen，2006）。但是达斯等（Das et al.，2007）发现仅仅通过这些可观测的或者潜在的系统性因素并不能解释美国公司行业化的违约现象。在这种证据下，伯恩特等（Berndt et al.，2010）提出了考虑风险溢出效应的债券定价模型，并提供了单一公司违约对于其他公司信用利差会造成极大

影响的证据。公司之间资金、股权或者业务之间的联系为公司间的风险溢出提供了可能。阿齐普尔等（Azizpour et al.，2018）为解释债券违约集中出现的现象，构建了债券违约潮的新模型，在模型中他们不仅考虑了可观测或不可观测的系统性风险因素，还考虑了公司与公司间的风险溢出效应的影响因素。乔里昂和张（Jorion and Zhang，2007）基于行业间的信用风险溢出效应发现，公司发布破产公告后，同一行业的其他公司股票回报下降，随之信用违约掉期（credit default swap）的"保费"上涨。南达等（Nanda et al.，2019）发现投资者在债券评级下调引发挤兑时面临抛售风险，单一债券评级下调后会经由同一投资方（保险公司）溢出到其他债券。

三、企业集团内部公司间的风险溢出效应

企业集团内部成员之间存在着广泛的股权关系和业务往来，这使得集团内部的信用风险传染效应更强，基于此，大量研究探讨了集团伙伴之间的风险溢出效应（Boone and Ivanov，2012；Mistrulli，2011）。一些学者通过构造风险溢出模型，使用随机动态模型或网络图等算法演绎分析债券违约溢出的途径。例如，李丽和周宗放（2015）发现通过降低信用风险关联度或高效的集团间兼并重组等治理措施可以抑制集团内部风险溢出效应；张金林和李健（2020）则基于复杂网络理论分析企业集团信用风险传染的路径，发现异质性个体之间也存在着信用风险的传染效应，并且企业集团密度越高风险溢出效应越强。另外，一部分研究通过实证分析考察集团内部的风险溢出效应对公司业绩等财务状况的影响。布恩和伊万诺夫（Boone and Ivanov，2012）发现公司的违约会引发战略伙伴的财务表现下降，这在于他们无法履行战略协议。黄俊等（2013）探究了中国企业集团内部经营绩效的风险溢出效应，认为由于集团内部资金紧密联系，当集团内部某一企业业绩大幅下降时，集团内部其他企业经营绩效也会降低。张修平等（2020）发现集团内部某一

成员公司的业绩下滑，通过负面信息传染会使得集团内部成员公司从集团外部获取商业信用规模的下降。

本书考察了地方国资委控制下的某一地方国企债券违约对其他国企的溢出效应，网络效应中的风险溢出理论有助于分析债券违约的风险溢出路径，并为本书的框架构建提供理论依据。

第二节　不完全契约理论

科斯（1937）关于企业边界的经典著作，论证了交易的过程、交易成本等概念的经济实质，指出企业是各种生产要素的契约组合，契约是一项项使得交易完成的制度安排。由于现实交易中诸多不确定因素存在，将这些因素一一在契约中写明相当困难，并且对这些大量偶然、不确定因素进行定价会增加契约的交易成本，对后续契约条款的执行也面临着高额成本。梯若尔（Tirole，1999）指出这种成本可以被分为三类：第一类为缔约成本，交易双方虽可预见将要发生的事实，但无法将所有条款都无争议地写入合同中；第二类为预见成本，即基于交易双方的有限注意力，无法预见所有将要发生的事实；第三类为证实成本，即使交易双方可以被观察到，但是无法证实，这可能在于预期证实需要更为高昂的成本，这些成本的存在使得现实交易的契约为不完全的。

基于这种现实场景，格罗斯曼和哈特（Grossman and Hart，1986）与哈特和摩尔（Hart and Moore，1990）提出了不完全契约理论，他们构建的GHM模型指出，企业是由它所拥有或控制的资产构成的。不完全契约的存在，使一部分资产的权利在合约中不能明确界定或界定成本相当高，形成剩余控制权。这种剩余控制权是初始合同未规定的但是具有排他性的权力，并认为剩余控制权的存在提高了交易效率，减少了市场失灵的风险。另外，考虑到不完全契约的程度依赖于交易双方的信息不对称程度，当主体之间的信息不对称情况较严重时，契约合同类型会影响经济主体行为之间的交换。GHM 模型考察债务契约合同多时期、多个契约缔结方之间的剩余控制权分配的最优结构，深化了对债权分配和归属的分析。

本书所考察的债券违约现象的理论基础在于契约的不完全性，该理论可以帮助本书更好地分析国有企业债券违约的深层逻辑，并对不同特征的债券违约事件按照剩余控制权最优配置情况进行分类观察和分析，从理论层面上解释如何化解国有企业债券违约风险和保护债权人利益。

第三节　资源配置效率理论

亚当·斯密最早提出了资源配置的概念，并指出资源的有限性使得个体必须在有限资本中选择以使得个人产业最大化。马克思指出："社会必要劳动时间是在现有的社会正常的生产条件下，在社会平均的劳动熟练程度和劳动强度下制造某种使用价值所需要的劳动时间……只要是社会必要劳动量，或生产使用价值的社会必要劳动时间，决定该使用价值的价值量。"① 马克思基于资源的稀缺性和价值交换关系认为，社会必要劳动衡量生产使用价值，即影响资源配置效率，资源配置的本质包含在生产过程中，并决定生产结构。在市场经济环境下，社会必要劳动是基于价值规律形成的最优配置结果，反映了通过供需竞争因素形成资源配置的内在要求。在此基础上，康芒斯（1962）将经济活动分为生产活动和交易活动两类，他侧重研究了人与人之间交易活动的资源配置效率问题，提出"交易"而非"商品"是经济活动的基本单位，组织形式和组织制度中对权利配置的方式决定经济主体的资源禀赋、议价能

---

① 马克思. 资本论（第 1 卷）［M］. 北京：人民出版社，2004：51－53.

力，进而决定了资源配置效率①。后续较为经典的资源配置理论主要探讨了地方政府干预和市场调节在资源配置中发挥的作用。萨缪尔森（1979）基于凯恩斯的地方政府干预理论和马歇尔的自由市场机制，提出了政府—市场资源配置的二元论。他认为，需要强调市场作为资源配置的主要作用，但是也指出市场调节作用在实际操作中存在着一定的局限性和适用范围，资源实现最优配置需要协调市场微观机制和政府宏观调控，并且针对政府失灵现象及其原因进行了探讨，为政府职能和作用范围提供了参考②。萨缪尔森关于资源配置的经典理论至今对经济实践运作有重要影响。

资源配置效率的内涵在不同层面也有所差异（万悦等，1997）。在宏观层面，资产配置效率衡量了不同区域或行业间生产活动依据整个市场需求形成的生产要素配置状况；在中观层面，则在区域或者行业内部考察生产要素的流动情况，即生产要素等资源从行业或区域内部的低效率个体向高效率个体移动，以实现整个区域的资源配置最优结果；在微观层面，以企业为研究对象，探究了企业生活经营活动中各种生产要素的配置情况，已实现成本最小化的目标。

本书的研究借助于地方国企债券违约事件对地方政府隐性担保影响的根本逻辑，探讨了债券违约发生后区域内部信贷资源以及商业信用资源在民企和国企之间的配置情况，因此本书研究主要聚焦于资源配置效率的中观区域层面。

第四节　本　章　小　结

本章回顾了关系网络中风险理论溢出理论、不完全契约理论和资源

---

① 康芒斯. 制度经济学 [M]. 于树生，译. 北京：商务印书馆，1962.

② 萨缪尔森. 经济学 [M]. 高鸿业，译. 北京：商务印书馆，1979.

配置效率理论。关系网络中的风险溢出理论帮助本书识别地方国有企业债券违约风险可能的溢出路径，为通过同一实际控制人的风险溢出路径提供了理论基础。不完全契约理论和资源配置效率理论有助于分析国有企业债券违约的深层逻辑，并为妥善化解债券违约风险提供了根本遵循。

文 献 综 述

第一节　地方政府隐性担保

地方政府隐性担保（implicit guarantee by local governments）是指地方政府以其财政财务实力和实质性行动为融资平台、企业及其关联实体承担担保风险的一种担保形式，但未明示承担此类担保责任。地方政府隐性担保行为一般是非直接、间接的担保，并不具有明文的法律规定或契约合同，政府主要通过一系列政策措施，如支持企业融资、减免税费等对担保对象提供隐性的信用支持。政府隐性担保概念可追溯至1984年的财政利税改革。财政收入比重下降促使银行在政府的支持下高速投放信贷，与此同时，政府为银行提供担保，因此隐性担保可以被视作政府实施的一种"财政拖延政策"（卢鹏和尹晨，2004）。2008年后为应对金融危机，基建投资需求带动地方政府融资平台举债行为迅速扩张。2010年6月13日，国务院印发了《关于加强地方政府融资平台公司管理有关问题的通知》，明确了政府对地方融资平台公司的违规或变相担保问题，包括协助清理地方融资平台公司债务、规范融资平台公司信贷管理及制止地方政府违规担保承诺行为。在此之后，与地方政府相关的债务一直都存在地方政府隐性担保的身影。一方面，地方政府隐性担保可以有效支持城投企业发展，促进地方经济的快速发展；另一方面，地方政府隐性担保也使资产偏离市场化定价机制，资源配置效率下降。

一、政府隐性担保成因

基于不同的制度环境，政府隐性担保成因在国内外具有显著的差别。在国外的研究中，关于政府隐性担保的研究并不多，少数的研究也主要针对政府在出现系统性风险时对于大规模的银行或金融机构的救济措施（O'Hara and Shaw，1990）。因此，国外政府隐性担保出现的成因较为简单。在国内的研究中，政府隐性担保不仅体现在银行上，还体现在债券市场中。政府隐性担保被视为政府与债券主体之间的一种特殊关系，虽然政府从未直接或在法律意义上对于债务人做出担保承诺，但在债务人出现兑付危机时，市场参与者默认政府会进行救助。

国内的研究将政府隐性担保成因归纳为两大方面原因：政治因素和产权性质（林毅夫和李志赟，2004；Li and Zhou，2005）。从政治因素上来说，在经济发展压力下，国有企业、地区明星企业、城投公司在推动地区经济发展中起着重要作用，如国有企业承担着创造工作机会、响应政府政策、维持地区经济稳定等政策性任务。在这种情形下，地方政府一方面依赖国有企业谋求地区经济稳定发展，另一方面通过资源支持等回馈国有企业或城投公司，债权人、鉴证机构等市场参与者会逐渐形成这类企业具有政府背后担保的预期。从产权视角看，政府是国有企业的最终控制人，是国有企业出现危机破产损失后的首要承担者，政府有动机为国有企业提供资源或在其出现危机时进行纾困以避免可能的损失。

基于我国"分税制"改革的背景，政府隐性担保还存在于中央政府对于地方政府债务的担保上。由于地方政府财权层层上收，事权层层下放，地方政府财政收入与支出之间形成了缺口并逐渐扩大。同时，新国民经济核算体系的出台强化了 GDP 作为经济发展程度的重要考核指标，这加剧了地方政府官员通过资源获取与分配提升任职地区 GDP 以谋求政治晋升的行为。财政分权体系的不完善和官员"晋升竞标赛"的双重压力加大了地方政府财政资金的缺口，也加剧了地方政府债务风险对于国家经济稳定运行的威胁。基于央地关系理论，郭玉清等（2016）构建了中央政府对于地方政府债务融资"隐性担保"的央地互动博弈模型，发现地方政府对于中央政府的救助预期致使隐性担保出现，从而导致地方政府债务持续扩大。在财税层层分权的体系下，马文涛和马草原（2018）研究发现每一层的上级政府都对下一级的政府提供隐性担保。因此，政府隐性担保的本质在于市场（或下级政府）对于政府（或上级政府）潜在救助意愿的预期。同时，政府隐性担保也与地方政府救助能力紧密相关，地区财政收入、GDP、税收收入、土地出让收入等均反映了政府的偿债能力，也会进一步影响政府隐性担保预期（罗荣华和刘劲劲，2016；钟辉勇等，2016；张莉等，2018）。

二、政府隐性担保后果

现有研究主要考察了政府隐性担保对资产定价的影响，但由于不同的制度环境，国内外对于政府隐性担保对象有不同的体现。国外研究主要探讨了政府隐性担保对于银行资产或者与银行相关的资产定价的问题。弗兰纳里和索雷斯库（Flannery and Sorescu，1996）针对《联邦存款保险公司改进法案》（*FDIC Improvement Act*）出台后对于政府隐性担保的影响发现，法案出台后美国银行次级贷款的价差可以更加充分地反映风险，这表明投资者对于政府隐性担保的预期减少。另外，部分研究使用信用评级或风险回报率等对政府隐性担保影响程度进行测量，信用评级的增加程度反映了投资者对于政府担保程度的预期，进而转化为债券风险溢价的变化（Rime，2005）。也有学者通过检验收并购事件测量政府隐性担保对于金融机构的影响（Penas and Unal，2004；Wilson et al.，2010），如佩纳斯和乌纳尔（Penas and Unal，2004）发现在银行发生并购导致规模更加庞大后，其发行的债券风险溢价下降，这在于政府隐性担保预期的增加。

首先，基于我国的研究场景，部分文献从国有企业债券定价、银行贷款利率、权益融资等视角出发，考察了地方政府对于国有企业的隐性担保。其中，大量研究表明地方政府会对银行的信贷决策进行干预，从而使得国有企业获得更多的信贷资源，并且融资成本要明显低于非国有企业（余明桂和潘红波，2008；方军雄，2007；陆正飞等；2009）。例如，何贤杰等（2008）发现银行对于国有企业和民营企业的信贷标准不同，国有企业在政府隐性担保下可获得大量银行信贷。同时，上市指标也是地方政府为国有企业提供隐性资源倾斜的一种体现。祝继高和陆正飞（2011）发现国有企业上市申请和配股申请得到政府批准的概率明显高于非国有企业，并且国有企业变更资金使用用途的概率更大。此外，更多的学者聚焦在地方政府隐性担保对于国有企业债券定价影响的研究上。韩鹏飞和胡奕明（2015）发现地方政府隐性担保可以降低国有企业债券的发行利差，并且在信用评级低的情况下，这种作用越显著；王博森等（2016）使用模型推理发现政府隐性担保长期显著存在于债券市场中，并且不同信用评级、不同债券种类间的隐性担保水平存在差别，对于中央企业债和国有企业债的定价中，分别隐含着政府39.9%和6.7%的担保概率；王叙果等（2019）利用国有企业债券违约事件证明隐性担保可以降低国企债券发行利差，这一作用在债券违约发生后逐渐减弱。魏明海等（2017）则从盈余信息效率视角出发，发现地方政府隐性担保通过产权、财政补贴和政策性银行贷款三个维度削弱了债券市场的信息效率。

其次，关于政府隐性担保后果的文献还集中在对于城投债的影响方面。城投债的发行主体是地方城投公司，其与地方政府的紧密联系使其被视为"准市政债券",投资者形成了地方政府最终会对城投债进行兜底的预期,使得城投债的交易定价和信用风险逐渐背离市场交易的机制。汪莉和陈诗一(2015)、罗荣华等(2016)发现无担保和有第三方担保的城投债利差并没有存在明显差异,他们认为这是由于投资者默认无担保债券会有地方政府的隐性担保;汪伟力(2017)同样发现有无显性担保对城投债风险溢价没有显著影响;钟辉勇等(2016)通过研究中央对地方转移支付比重来衡量政府隐性担保发现了同样的结论,也指出城投债的信用评级无法真实反映债券的违约风险;张雪莹和王玉琳(2019)通过对比城投债和民营企业的信用利差,也发现政府隐性担保可以显著降低城投类债券的信用利差;钟宁桦等(2021)发现地方政府隐性担保预期影响了市场投资主体的风险判断,使得城投债的发行利差比非国有企业债券利差降低约四成。借助《国务院关于加强地方政府性债务管理的意见》,他们进一步发现城投债的隐性担保预期主要存在于纳入置换计划的存量城投债中。

最后,除了上述两种政府隐性担保现象以外,银行也被认为具有政府隐性担保。例如,在《巴塞尔协议》要求下,中央政府会在国有银行资本充足率不达标的情况下通过财政拨款注入资本金。另外,中央政府在针对国有企业银行的改制重组过程中会对坏贷、死贷进行剥离。许友传等(2012)使用标准期权定价方法研究发现地方政府为上市银行提供了隐性担保,这种隐性求助的概率与监管宽松政策相关。

第二节 债券违约后果相关研究

国外债券违约的发生由来已久。以美国为例,自19世纪后半叶债券违约就已经出现,并且存在活跃的信用违约掉期(credit default swap)市场,债券违约和相应的风险对冲已经处于市场化的阶段。国外研究主要从模型构建、理论推导等方面探讨了债券违约的后果及相应的风险溢出效应，实证研究主要关注了债券市场中的负面信用事件（如破产、评级下调、公司丑闻）所引发的市场反应和行业间的风险溢出效应（Jorion and Zhang，2009；Collin – Dufresne et al.，2010；Bams et al.，2015），并且这一效应会随着制度环境和市场状况的差异而有所差别（Adams et al.，2014）。常等（Chang et al.，2015）发现债券评级下调后会引发行业风险溢出效应，使行业中竞争对手的评级也会下调。班姆斯等（Bams et al.，2015）发现公司发生较大的违约事件会通过供应链溢出到小规模企业上，导致他们后续发生违约的概率增大。

由于我国债券市场长期存在"刚性兑付"的预期，国内关于债券违约后果的实证研究相对较少。相关研究基于标志性债券违约事件，主要从债券违约后债券市场表现、债券发行人表现和相应信用评级机构的变化这三个维度考察了债券违约后果。

大部分文献探究了债券违约发生后违约企业及关联企业债券信用利差的变化。例如，王占浩等（2015）基于事件研究法考察了"11 超日债"对债券市场的影响。王宏博（2020）发现在债券违约窗口期内，违约债券信用利差会上升。基于地区、行业等关联关系，一些学者考察了债券违约发生后同一地区或同一行业内部其他未违约企业的一级市场上债券信用利差变化（张春强等，2019；王叙果等，2019；杨璐和方静，2021）或二级市场上债券收益变化（张雪莹和刘茵伟，2021；Hu et al.，2020）。张春强等（2019）发现行业内部公司发生债券违约事件会提升行业其他公司的债券发行利差。胡等（Hu et al.，2020）发现当所在债券的行业发生违约后，债券二级市场上行业竞争对手的存续债券会表现出显著下降，在整个行业维度上下降 0.449%，在公司个体层面下降 0.427%。

另外，也有学者研究了债券违约后，基于地区、行业关联企业的行为变化。宁博等（2020）利用信用债违约事件研究发现同地区的民营企业会进行更多的向上真实盈余管理来缓解融资约束问题，金融发展水平较高的地区会降低这一效应。陶然和刘峰（2021）通过行业层面的传染效应发现发行人降低了应计盈余水平，他们认为这是由于债务契约的治理效应发挥了主导作用。金等（Jin et al.，2022）考察了国有债券违约后同一地区国有企业的投资行为，他们发现事件冲击后，同一地区的国有企业过度投资行为下降，这一现象在代理问题严重的国企中更为显著。

少量研究关注了债券违约后信用评级的变化。安斯塔德和何（Amstad and He，2020）的研究表明违约事件发生后，信用评级较低的企业债信用利差呈现先大幅上升，后轻微回落的现象。黄小琳等（2017）发现债券违约事件发生后信用评级机构公信力下降，市场份额显著下降，但并未提供更具有信息含量、更准确的信用评级，信用评级膨胀现象更为严重。这可能是因为在中国现有的信用评级行业发展情况下并不能及时提供高质量的评级信息。

第三节　公司融资决策

从企业的融资结构来说，主要分为内源融资和外源融资两大方面，内源融资主要来源于企业内部留存收益，较少受到外部利益相关者影响，融资成本主要为沉没成本。然而，在企业发展过程中，无可避免地需要外源融资的支持。外源融资又分为股权融资和债务融资，基于我国以间接融资为主的融资体系，公司债务融资决策对于公司融资成本影响更大。从企业融资结构来说，债务融资的来源主要包括银行贷款、商业信用和发行债券三大方面。

一、银行贷款

银行贷款是企业的重要资金来源，这在于间接融资相较于直接融资对于信息透明度要求较低，此时以银行贷款为主的间接融资方式是企业融资的首要渠道（林毅夫和李永军，2001）。然而银行信贷配置存在严重的所有制歧视问题，国有企业或者具有政治关联的企业更容易获得贷款（Brandt and Li，2003；Khwaja and Mian，2005；于蔚等，2012）。另外，基于交易费用和信息成本，信息透明度低的企业、规模较小的中小企业也更难获得银行贷款（王鹏涛，2002）。李维安等（2015）从政府和民营企业的资源交换视角研究发现，民营企业进行慈善捐赠可以获得更多的银行贷款，这一现象主要体现在政治关联的民营企业身上。

从银行贷款融资成本来看，金融资本是企业生产运营的关键要素，它催生了所有者、管理者和债权人之间一系列复杂的契约关系（Armstrong et al.，2010）。在构建这些契约时，资本成本则是相关合同方考虑的主要内容。其中，债务融资作为我国公司最主要的外部融资方式（Allen et al.，2005），债务契约签订时所确认的资金成本很大程度上取决于债权人对资金需求方的风险感知（潘爱玲等，2019）。伊斯利和奥哈拉（Easley and O'Hara，2004）发现信息不对称程度高时，投资者的收益不确定性大，并且信息不对称带来的信息风险是不可分散的，这会导致投资者产生逆向选择行为，进而提高资金价格。随后，众多学者沿袭信息风险理论，发现信息披露质量越高（郑登津和闫天一，2016），债务融资成本越低。此外，在委托代理框架下，债权人面临因股东和经理人对其利益损害造成的代理问题。因此，大量研究又考察了公司内部治理结构和外部治理机制对于债权人定价决策的影响，发现公司内部控制质量越好（陈汉文和周中胜，2014），董事会独立性越高（Bhojraj and Sengupta，2003），两权分离程度越低（Boubakri and Ghouma，2010），存在多个大股东（王运通和姜付秀，2017），或者审计质量越高（Pittman and Fortin，2004），媒体关注越多（Gao et al.，2020），或当地方法律执行效率越高（王彦超等，2016），债务融资成本越低。邓可斌（2017）认为银行关联能缓解融资约束从而降低民营企业的融资成本。

总体而言，现有研究主要从公司信息环境和治理体系两大方面探究了债务融资成本的影响因素。

二、商业信用

商业信用是企业在日常活动中因延期支付或预收账款而与供应商或客户形成的信贷关系（Amiti and Weinstein，2011），现有研究普遍认为商业信用是企业尤其是民营企业和中小企业缓解融资约束的重要渠道，这在于商业信用风险小、门槛低且能够更好地克服因借贷双方信息不对称产生的风险（林毅夫和孙希芳，2005；孙浦阳等，2014）。公司之间的商业信用为公司的资金流运转提供了便利，在很多国家，尤其是发展中国家商业信用的使用规模会超过银行贷款。我国作为金融体系尚在完善中的新兴资本市场，商业信用使用更为普遍（Allen et al.，2005；Ge and Qiu，2007）。在现代高度分工化的经济环境下，供应链上的公司联系更为紧密，供应商与客户长期合作，会进行大量的专有资产投资和联合投资（Petersen et al.，2008），呈现较强的一荣俱荣、一损俱损的同步性。

已有研究对商业信用的供给提供了两种假说：其一为市场假说（Love et al.，2007；余明桂和潘红波，2010），认为供应链中上下游企业的市场竞争地位决定了其融资地位，居于强势地位的企业可以获取更多的商业信用支持；其二为替代融资假说（Schwartz，1974；Petersen et al.，2008），强调将商业信用视为银行信贷资源的替代融资渠道。在中国的经济实践中，两种假说都得到了验证。陆正飞和杨德明（2011）发现在货币政策宽松阶段商业信用符合市场竞争假说，而在紧缩阶段商业信用符合替代性融资理论。余明桂和潘红波（2010）在区分企业产权性质后均发现，相较于国企，民企会提供更多商业信用供给以获得市场竞争力。在中国，正式融资和非正式融资是互补关系。石晓军和张顺明（2010）发现商业信用可以通过缓解融资约束提高企业生产效率，且资源配置效率高于银行贷款。非正式融资则可以增加资本市场的发达程度，以满足中小企业融资需求。

发行债券也是企业进行融资的一种重要手段，在中国通过发行债券进行融资一般具有两个特征：一是债券一般不是企业进行债务融资的首要选择；二是发行债券融资具有一定的门槛，国有企业、大型企业集团更能得到发债机会。整体来说，这三种融资方式均受到公司产权性质或规模的影响，非国有企业、中小企业、市场化程度低地区的企业融资约束问题更严重（余明桂和潘红波，2008；朱凯和陈信元，2009）。

三、公司融资与资源配置效率

法扎里和艾瑟（Fazzari and Athey，1987）认为市场参与者之间的信息不对称会导致公司较高的外部融资成本。另外，在中国发展中的资本市场中，政府对于社会资源配置具有主导作用，政府干预也成为影响融资成本的重要原因（余明桂和潘红波，2008；唐雪松等，2010）。因此，这一部分将从公司特征和政府宏观政策两个角度出发，对公司融资与资源配置效率的文献进行综述。

从公司角度出发，现有研究从公司产权性质、政治关联、信息披露水平、公司治理等方面探究如何降低融资成本，提升公司获取资源的效率。部分研究使用盈余管理、会计盈余相关性、会计稳健性等指标衡量公司信息质量，发现较高的信息质量可以降低企业融资成本（李青原，2009；张金鑫和王逸，2013）。关于政治关联，张敏等（2010）发现政治关联对信贷资源配置效率具有负面影响，这在于政治关联企业更容易获取长期贷款，加大了过度投资的倾向。另外，公司治理结构也与资源配置效率相关。陈艳利等（2014）基于企业集团内部交易研究发现集团内部的关联资金交易会降低资本市场配置资源的功能。

从政府角度出发，政府可以通过货币政策、财政政策、税收政策等宏观政策和金融市场改革方面主导资源配置，从而提升资源配置效率。首先，良好的金融市场能够显著降低企业的融资成本，李春涛等（2020）发现地区金融科技的发展有助于缓解企业融资约束，提升资源配置效率。丰若旸和温军（2019）发现沪港通的成立可以促进国有企业的融资效率，进一步影响其研发水平。其次，产业政策可以直接或间接地缓解企业融资约束问题，引导市场资源配置作用，但是存在异质性。其一，产业政策中的政府补助为企业直接提供资金支持（马红和王元月，2015）；其二，产业政策也向外界传递了补助公司资质的信号，间接地缓解了融资约束问题（邢会等，2019）。最后，税收政策也是影响资源配置效率的重要因素，石绍宾等（2019）发现地方政府税收政策具有"顺周期性"，从而加剧了企业融资约束问题，但中央税收政策具有"逆周期性"，通过调整宏观税收政策和地方政府税收政策可以提升整体资源配置效率。

第四节 本 章 小 结

在文献综述中，本书对地方政府隐性担保成因及后果、债券违约的后果、企业债务融资决策和资源配置效率文献进行了回顾，旨在构建出关于地方政府隐性担保预期削弱后风险溢出路径、后果及公司融资情况变化的理论框架。

首先，关于政府隐性担保的研究，现有文献集中探讨了政府隐性担保测量、成因和后果，并且有关后果的研究主要集中于国有企业、城投公司的融资成本上，对于其他后果关注较少。另外，对于政府隐性担保预期削弱的研究还不多，仅有文献主要关注了政府隐性担保预期削弱后的债券市场变化，对国有企业、民营企业等公司个体，以及信贷市场等外部环境变化的研究基本处于空白。

其次，对于债券违约事件的后果研究主要集中于行业内或区域内的信用风险溢出效应，由于我国国有企业债券中存在较强政府隐性担保的预期，使得国有企业债券违约信用风险溢出可能具有不同的路径。另外，鉴于我国债券市场的刚性兑付预期，国内债券违约事件的后果研究还相对较少，对于国有企业债券违约现象关注也不够，更多的研究关注了债券违约后对公司及通过地区或行业等关联公司债券信用利差的影响，且结论不一，对于公司其他方面的影响还关注较少。同时，还未有研究基于同一实际控制人的违约风险溢出路径和利益相关者视角来探讨相关主体在债券违约后的行为变化。

最后，现有关于债务融资决策的研究更倾向于从"需求侧"即债务人本身的特征出发探究公司债务融资结构或融资成本的变化，更多的研究聚焦在债务人产权性质、规模和公司治理等特征对于债务融资决策的影响，但企业的融资决策也会受到供给侧的影响。因此，本书希望通过探讨债券违约事件对整个融资环境的冲击，探讨外界融资环境变化后对企业债务融资决策的影响，以求更加完整客观地理解企业债务融资决策的驱动因素。

第四章

研究问题、研究内容与研究方法

第一节 研究问题

由于地方政府或实际控制人是否救助是地方国有企业发生债券违约的直接原因，那么地方国有企业债券违约的信用风险是否会溢出到同一实际控制人的其他公司，这在债券市场和股票市场上是否会产生以及产生哪些市场反应呢？另外，这些关联公司的融资情况是否会发生改变，在违约债券的不同特征下、公司的不同特质下、行业或者区域的不同特征下，这一影响有哪些差异？进一步地，如若地方国企债券违约使得关联公司融资成本上升，这是否会缩减国企与民企之间的融资差距？国企债券违约是否具有正面效应，对于不同产权性质公司的融资情况有哪些影响，能否缓解信贷歧视和产品市场中垄断租金问题？鉴于此，本书从国有企业债券违约形成的逻辑出发，对地方国有债券违约风险溢出机制进行系统性梳理和论证，探究债券市场中地方政府隐性担保预期削弱下溢出效应对企业融资状况、对资源在不同产权性质企业间分配结构的影响。

基于以上分析，本书基于关系网络中的风险溢出理论，依循国有企业债务问题中地方政府隐性担保预期出现并逐渐被削弱的根本逻辑，借助地方国有企业债券违约事件的渐进发生，探究地方政府隐性担保预期打破后的风险溢出路径，同一实际控制人控制下其他国企的行为变化，以及国企民企通过正式融资渠道及非正式融资渠道获取资源的差距。

具体而言，第一，同一实际控制人拥有的资源禀赋较为相似，地方国企的实际控制人一般为地方国有资产监督管理委员会，这意味着同一地方国资委控制下的企业营商环境、人力资本、技术优势均有较大相似之处，面临着相同的风险敞口。本书基于风险溢出理论和债券市场中地方政府隐性担保形成的逻辑，探究地方国有企业债券违约事件渐进发生后，债券违约是否会溢出到同一国资委控制下的其他未违约的国企（本书称为"关联公司"），并从债券市场、股票市场、公众舆论三个场景检验国有企业债券违约经由同一实际控制人的溢出路径是否存在。

第二，我国的金融体系以银行信贷主导的间接融资方式为主，商业银行是公司的重要债权人之一。债券契约的缔结基础是债务人的履约能力。若地方国有企业债券违约风险通过实际控制人进行溢出，那么受到债券违约冲击的国企的融资情况会如何变化？本书从银行贷款角度出发，考察关联公司受到债券违约信用风险冲击后的银行贷款成本和规模会如何变化，以及这一影响在债券违约事件不同特征下、公司不同风险因素下以及行业不同竞争态势下会存在怎样的差别。

第三，地方国企债券违约是资本市场定价机制逐渐市场化的体现，若地方国企债券违约导致关联国企的融资成本上升，那么地方国企债券违约是否有利于提升资源配置效率、改善区域融资环境？民营企业在信贷市场上饱受歧视，在产品市场相较于国有企业也长期处于弱势地位。本书基于正式融资和非正式融资的情况，考察资源如何在国有企业债券违约地区内部民企和国企之间进行分配，地方国企债券违约发生后，该地区民企与国企之间的信贷歧视问题是否缓解，以及国企在上游市场的垄断地位是否相对下降，同时，这一效应是如何产生的，并在不同债券违约事件特征和省份特征下有哪些差别。

本书的研究有助于加深对地方国有企业债券违约溢出效应双面性的理解，对于认识国有企业债券违约风险溢出路径、企业融资成本和产权性质与资源分配之间的关系有较大帮助。本书的研究框架如图4-1所示。

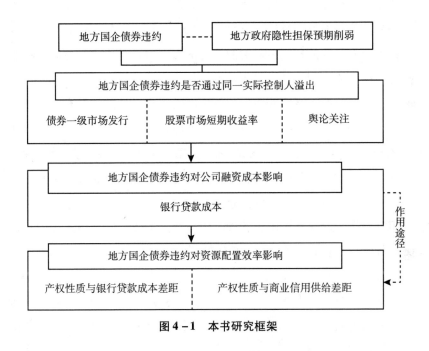

图4-1 本书研究框架

第二节 基本概念界定

一、地方国有企业债券违约

国有企业的主要经营目标为实现资产的保值增值，加之国有企业高管政治晋升激励要高于货币薪酬激励（刘青松和肖星，2015）且国企的经营风格较为稳健，因此国有企业债券的主要违约原因是经营不善导致的现金流短缺，进而出现资金链断裂现象。与国有企业债券违约相比，民营企业的债券违约因素则更为复杂。民营企业的控股股东具有更强的动机通过操纵利润、关联交易等侵占中小股东的利益以谋取个人私利，这使得民营企业控股股东滥用控制权的道德风险更为严重。现有研究也表明民营企业信息披露违规、大股东侵占资产的概率更高（马曙光等，2005；姜付秀等，2014）。由此可见，国企债券违约的主要因素在于经营不善而导致的现金流断裂问题，那么能否及时从实际控制人处获得资金救助则成为国企是否发生债券违约的直接原因。

在中国经济的运行实践中，受历史因素影响，目前的国有企业可以主要分为三种类型：第一类为由国有资产监督管理委员会（以下均简称为"国资委"）直接或间接控制的国企；第二类为事业单位或公益性团体组织直接或间接控制的国企；第三类为与上层国资委的控制关系不明确、一般控制层级超过三层的国企。

国资委是在优化我国国企管理的历史背景下成立的，用于集中管理国企运行的专设行政机构。自2003年国资委成立后，《企业国有资产监督管理暂行条例》赋予了国资委"管人""管事""管资产"的广泛权力。依据《中华人民共和国企业国有资产法》，国有资产属于国家所有，国家作为人民的公共受托责任人，则国有资产全民所有，"国务院代表国家行使国有资产所有权"。同时，该法规定，"关系国民经济命脉和国家安全的大型企业，重要基础设施和重要自然资源等领域的国家出资企业，由国务院代表国家履行出资人职责。其他的国家出资企业，由地方人民政府代表国家履行出资人职责""国务院国有资产监督管理机构和地方人民政府按照国务院的规定设立的国有资产监督管理机构，根据本级人民政府的授权，代表本级人民政府对国家出资企业履行出资人职责。"通过该法律定义来看，地方国资委与地方政府紧密相连，代表着地方政府对国企的资产收益权、人事任免权和重大决策权。因此，由国资委直接或间接控制的第一类国企与地方政府的联系最为密切。第二类国企则主要通过股权挂靠产生。为借助国企在资本市场的融资优势，这类国企挂靠在由国有背景机构设立的第三方社会组织上，以实现形式上的"国有化"，并不参与这类国有企业的日常经营，通常也不具有人事任免等重大事件的决策权，如中国科学院控制的全资子公司中科建设开发总公司。第三类国企，国资委对其影响力可能偏弱，该类国企债券违约无法直接衡量地方政府的救助能力和救助意愿。

本书所考察的国企债券违约为第一种类型国企发生的债券违约事件，意在通过地方国有企业债券违约事件表征地方政府隐性担保受到影响的信号，当发生债券违约的国企与地方政府的联系越密切时，该国企所属的地方政府信用受损程度越严重。同时，为考察不同区域首次发生国企债券违约事件对该地政府隐性担保的影响，本书研究的"国企"仅为省级及省级以下由国资委（本书将其简称为"地方国资委"）控制的企业，而不包括中央国有企业。

债券的信用风险主要指违约风险，即债务人违约带来的损失不确定性，若债务人未在约定时间支付约定金额即在法律意义上构成实质性违约。因此，本书所指的债券违约为债券发行人因资金短缺而导致的无法按期支付本息的实质性违约，不包括技术性违约。技术性违约主要是债券发行人因疏忽或不可抗力因素导致未将资金及时拨转到托管机构。虽然技术性违约也暴露出债券发行人内部风险控制机制薄弱等问题，但债券发行人仍然具有偿债能力，信用状况较为良好，相较于实质性违约所产生的负面影响较低，更无法反映该地政府隐性担保受到影响的状况。

通过上述分析，本书所使用的国企债券违约事件，为不同地方国资委控制的国企首次发生实质性债券违约事件。

二、关联公司

本书意在考察地方国有企业债券违约通过同一实际控制人的风险溢

出路径，结合前面对国有企业债券违约概念的界定，本书实际考察的违约传染路径为：某一国有企业债券违约对该国有企业所属地方国资委控制的其他国企的影响。本部分以 2020 年 11 月 10 日河南省国资委控制的永城煤电控股集团公司发行的债券永煤 SCP003 违约事件为例，通过图 4－2 展示国有企业债券违约的溢出路径及受到溢出效应影响的公司。在图 4－2 中，永煤债发生违约事件后，河南省国资委控制的其他未发生债券违约的国企 B 公司、C 公司、D 公司等均会受到通过同一实际控制人的债券违约风险溢出效应。为了表述的简洁性，本书将这些通过同一实际控制人而与发生债券违约国企相关联的公司称为"关联公司"。

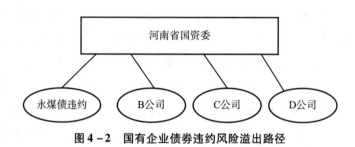

图 4－2　国有企业债券违约风险溢出路径

在后面的实证检验中，若研究场景基于债券市场，那么关联公司的定义为：发生债券违约国企所属国资委控制的其他非金融类国企；若研究场景基于股票市场，那么关联公司的定义为：债券违约国企所属国资委控制的其他非金融类 A 股上市国企。

第三节　研究内容与研究方法

一、研究内容

本书基于关系网络中的风险溢出理论，借助地方国有企业债券违约事件的渐进发生，依循地方政府隐性担保预期逐渐被削弱的根本逻辑，探究债券违约通过同一实际控制人进行风险溢出的路径，以及对关联公司的信贷融资情况以及资源在国企和民企之间配置结构的影响。基于2014～2020年的研究样本，分别以债券市场、股票市场上由国资委控制的地方国企为研究对象，系统考察了国有企业债券违约风险的形成逻辑、溢出路径，以及对资产定价机制和配置效率的作用效果。本书的研究有助于加深对国有企业债券违约溢出效应的理解，为债券违约市场化机制的逐步推广和实施提供了经验证据。

本书主要由八个章节组成，按照以下研究顺序逐一展开。

第一章，制度背景。基于中国信用债市场三个阶段的发展情况，对信用债市场融资规模、结构、演化特征进行介绍，并梳理了我国信用债市场的监管主体及出台的重要法律、法规。另外，本章回顾了国有企业债券违约的现状，梳理了地方国企的融资背景，列举案例分析总结国有企业债券违约的主要原因。

第二章，理论基础。在理论基础方面，网络效应中的风险溢出理论贯穿于本书的整个研究脉络中，通过梳理金融机构与实体间的风险溢出效应理论，有助于理解国有企业债券违约的风险如何溢出到股票市场中，而实体经济中公司间的风险溢出理论则有助于理解发生国企债券违约地区内部国企和民企之间的溢出效应。此外，不完全契约理论有助于理解债权人和债务人之间的契约关系，从理论层面对国有企业债券违约原因作出回应。资源配置效率理论对应国有企业债券违约如何改善资源在不同所有制企业间配置效率的研究。

第三章，文献综述。首先，本章确定了地方政府隐性担保的理论概念和法律定义，并分别回顾了政府隐性担保的影响因素和后果的相关文献，对于我国债券市场中的地方政府隐性担保进行了归纳总结。其次，本章对债券违约后果进行综述，梳理债券违约的不同溢出路径以及对公司的影响。再次，本章系统地梳理了与公司融资决策相关的文献，按照正式融资中的银行贷款成本和非正式融资中的商业信用供给分别展开归纳。在这基础上，进一步综述了公司特征和政府特征在缓解融资约束因素的作用。最后，本章在文献综述的基础上对本节相关研究进行了归纳总结，并指出本书的研究方向和可能的理论贡献。

第四章，研究问题、研究内容与研究方法。本章基于我国债券市场的发展状况，以及国企债券事件违约频发的现状，根据中央防范化解金融风险的政策要求和地方政府隐性担保的相关文献，引出地方国有企业债券违约风险溢出效应研究的必要性，对书中所使用的"地方国有企业债券违约"和"关联公司"的概念进行了明确界定，并介绍了本书的研究内容、研究方法。

第五章，地方国企债券违约风险溢出路径。本章主要基于三个研究场景考察经由同一实际控制人的风险溢出效应是否存在。首先，基于债券一级市场的发行情况，本章发现当某一地方国资委控制的国企首次发生债券违约后，该地方国资委控制的其他非金融类企业在债券一级市场上推迟或取消发行债券的季度规模和季度支数均显著增加。其次，基于股票市场的短期市场反应，本章研究发现国企债券违约风险会溢出到股票市场中由该地方国资委控制的其他上市公司（"关联公司"）上，关联公司在债券违约日的累积异常股票收益率显著下降，且随时间推移在短期内无法完全修复。最后，本章考察了国企债券违约风险对关联公司舆论关注的影响。基于渐进双重差分估计方法，以 2014～2020 年由地方国资委控制的 A 股上市公司为研究样本，研究发现国有企业债券违约事件发生后，关联公司的媒体报道数量、负面媒体报道数量及比例均显著上升。根据债券违约事件的特征分组检验发现，当发生债券违约的国企所属的地方国资委位于市场化指数较低的地区，或当债券违约事件的违约规模越大时，关联公司媒体关注度增加的幅度越明显；但是，债券主体信用评级是否起到预警作用，对关联公司受到债券违约风险溢出效应程度的影响没有显著差异。根据关联公司的特征分组检验发现，当关联公司的经营风险越高或代理问题越严重时，关联公司受到债券违约事件风险溢出的影响越大。本章基于这三个研究场景印证了地方国有企业债券违约通过同一实际控制人进行风险溢出的路径，表明地方国企债券违约会削弱地方政府的隐性担保预期。

第六章，地方国企债券违约风险溢出与融资成本。本章在证实同一实际控制人的债券违约风险溢出路径真实存在后，进一步考察关联公司的银行贷款成本是否发生改变。通过双重差分模型实证检验发现：首先，地方国企债券违约事件的渐进发生，使得关联公司的银行贷款成本显著上升。其次，在截面检验中，当造成负面冲击的国企债券违约事件所处地区的市场化程度越低，债券违约事件的违约规模越大，或违约债券的信用评级未起到提前预警作用时，关联公司银行贷款成本上升的幅度越大。根据债券违约事件的截面检验也辅助证明经由国资委实际控制人构成的传染效应是真实存在的。再次，从关联公司的风险特征出发，当关联公司的信用风险和经营风险越高时，关联公司的银行贷款成本增幅也会越大。最后，当公司所处的行业竞争度越低或地方政策优惠越多时，与地方政府信用联系越密切，债券违约溢出效应对银行贷款成本增幅越会上升。在进一步检验中，本章考察了债券违约事件后关联公司债券发行的信用利差情况，发现关联公司的债券发行成本显著上升。另外，本章也关注了关联公司银行贷款规模的情况，发现地方政府隐性担保预期减弱后，关联公司的银行贷款规模并未缩减。

第七章，地方国企债券违约风险溢出与资源配置效率。本章通过衔接第五章的实证结果，进一步考察了发生国企债券违约是否使得产权性质之间的资源配置更加公平。基于三重差分的估计模型，探究相较于未发生国企债券违约地区，发生国企债券违约地区国企和民企融资差距的变化。本章发现，相较于未发生国有企业债券违约的地区，发生债券违约地区民营和国企的银行贷款成本差距下降，民营和国企商业信用供给差距缩小。基于国企债券违约事件的特征进行分组检验发现，当发生国企债券违约地区的市场化程度越低，或债券违约前信用评级未起到预警作用时，国企债券违约事件引发的民企国企银行贷款成本差距以及商业信用供给差距下降越明显，但是债券违约的规模并不对这一效应的强弱产生显著影响。基于省份的地方政府信息环境和金融资源进行分组检验发现，当地方政府信息环境越差或可运用的金融资源越少时，国企债券违约事件导致关联地区民企与国企之间银行贷款成本和商业信用供给差距减少的幅度越明显。基于进一步检验的内容，本章发现国企债券违约事件引发的地区内部民企和国企之间银行贷款成本缩小，主要在于该地区国企银行贷款成本的相对上升，而民企的贷款成本并未相对下降。但是在考察商业信用供给情况时，本章发现国企债券违约下地区内部民企和国企之间商业信用供给差距的下降主要在于该地区民企相对其他地区民企商业信用供给水平下降。

第八章，研究结论与启示。本章对研究内容和研究结果进行了总结，并指出了本书的理论价值和政策启示，以及研究中的不足和未来展望。

二、研究方法

本书依循从问题和制度背景出发，通过理论分析、实证推导到提出政策建议的经济学经典研究范式，综合运用规范研究方法和实证研究方法，基于债券市场和股票市场的大样本数据，根据地方政府隐性担保预期出现并逐渐被削弱的根本逻辑，系统地考察了地方国有企业风险溢出路径与经济后果。在理论分析中，遵循科学严谨的研究范式，充分运用政治经济学、制度经济学领域的理论对国有企业债券违约的原因、风险溢出效应进行分析，注重风险溢出效应理论、不完全契约理论、资本配置效率理论的演绎和推导。同时，系统梳理中国债券市场发展、国企债券违约等制度背景，结合地方政府隐性担保、公司融资决策等方面文献对地方国有企业通过同一实际控制人进行风险溢出效应进行逻辑演绎和实证分析。

在实证研究中，本书借助 STATA 统计软件，运用渐进双重差分法（DID）、三重差分法（DDD）进行地方国企债券违约风险溢出效应的检验。同时，基于分组回归等模型探究地方国企债券违约风险溢出效应在不同个体特征上的强弱。此外，本书充分使用平行趋势检验、广义精确匹配法、安慰剂检验等方法解决样本选择偏误、遗漏变量等内生问题，以保证结果的可信性。

基于 CSMAR 数据库十大股东文件的子数据库，公司财务报表中实际控制人部分的信息，以及天眼查、同花顺 iFind 等渠道，本书构建了 31 个省份地方国资委直接控制或者间接控制的 A 股上市公司数据。基于 Wind 数据库中的企业债券违约事件数据，本书获取了不同地区地方国资委控制的国有企业首次发生债券的日期。另外，关于信用债的债券发行利差数据、债券一级市场上债券推迟或取消发行的数据均来自 Wind 数据库。本书所使用的公司特征、股票交易以及地区宏观经济指标来自 CSMAR 数据库；公司的媒体报道状况、区域银行概况、地方政府审计信息等数据来自 CNRDS 数据。

第五章

地方国企债券违约风险溢出路径

第一节 引　言

2022 年中央经济工作会议上，习近平总书记指出："要统筹好防范重大金融风险和道德风险，压实各方责任，及时加以处置，防止形成区域性、系统性金融风险。"① 中国金融市场在推行供给侧结构性改革以来，风险在逐步释放。但是，随着地缘政治冲突、国际金融环境演变、新冠疫情持续等不可抗力的宏观风险因素叠加，国企债券违约事件成为我国经济稳定运行需要关注的"灰犀牛"事件。2015 年首只国有企业债券发生违约，引发市场投资者、监管层的高度关注。在我国的经济体系中，市场与经济组织内嵌于国家和政治结构之中，这一点在债券市场体现得尤为明显（王永钦，2014）。我国债券市场长期由国有企业和地区明星企业主导，地方政府企业处于困境时会通过财政补贴、税收优

---

① 习近平. 当前经济工作的几个重要问题［EB/OL］.（2023 – 02 – 16）. http：//www. qstheory. cn/dukan/qs/2014/2023 – 02/16/c_1129362776. htm.

惠、注入资本等方式对受困企业进行直接或间接的援助（林毅夫等，2004；方红星等，2013）。

投资者基于政府信用担保针对债券市场形成了刚性兑付的预期，地方政府隐性担保成为债券定价的主要决定因素。在债券市场长期处于政府隐性担保的投资逻辑下，基于逆向选择筛选债券发行人资质的机制失效，利益相关者的监督能力和风险意识长期缺位，金融中介的风险鉴别能力普遍不高，加剧了债券发行人的道德风险问题。在债权人保护制度还不健全的背景下，国企债券违约突发很可能引发区域性、系统性风险。因此，探究国企债券违约事件的溢出路径对于防范化解重大金融风险至关重要。

已有文献探究了债券违约在行业、地区层面的传染效应，更多关注了债券违约风险对债券利差、信息质量的影响（王叙果等，2019；张春强等，2019；宁博等，2020；陶然和刘峰，2021；王茹婷等，2022）。王叙果等（2019）使用省份内发生债券违约的数量与省内其他国企的信用利差回归发现，国有企业债券违约后该省份其他国企债券发行的信用利差增加。张春强等（2019）发现债券违约通过同一行业传染后会在债券一级市场上影响发行定价，宁博等（2020）则分别从行业、城市层面的债券违约导致的传染效应出发，发现经城市传染的信用风险导致发行人进行更多的向上真实盈余，而行业传染路径并未发现显著影响。陶然和刘峰（2021）通过行业层面的传染效应发现发行人降低了应计盈余水平，他们认为这是由于债务契约的治理效应发挥了主导作用。王茹婷等（2022）基于首只债券违约事件发现打破刚兑后并不能降低反而提升了公司融资成本。这些研究对于认识行业、区域层面债券违约风险溢出路径都具有一定的启示。但是，这些文献对构建行业、区域层面债券违约风险溢出效应的理论依据还不明确，对于债券市场上的债券违约如何溢出到股票市场上也未提供直接证据。另外，一些文献的研究设计中仅检验了变量间的相关关系，而未将债券违约事件视为准自然实验考察变量的因果关系，须进一步从债券违约的动态视角观察债券违约风险溢出路径。这促使本书基于风险溢出理论，根据地方国企债券违约下地方政府隐性担保预期削弱的底层逻辑，实证检验地方国企债券违约经由同一实际控制人的风险溢出效应。

王永钦等（2014）认为单一事件的负面消息极易在信息不对称和监管水平薄弱的情况下引发对于同一类个体的传染效应，而本书的研究场景正与上述条件相吻合。其一为债权人和发行人存在着天然的信息不对称性，债券市场的交易双方使这一现象更加严重；其二为信用债市场呈现多头交叉监管现象，处罚机制并不完善。地方国企债券违约可能通过资金业务关联和信息传染进行风险溢出。基于此，本章基于三个场景、债券股票两个市场，使用渐进双重差分法检验地方国有企业债券是否会通过同一实际控制人进行风险溢出。

首先，基于债券一级市场，本章考察了地方国有企业债券违约后同一实际控制人下非金融类国企债券推迟或取消的发行情况。债券推迟或取消主要出现在债券市场信用风险上升时，这为观察同一实际控制人控制下关联公司受到债券违约风险溢出的情况提供了机会。研究发现，当某一地方国企首次发生债券违约后，该地方国资委控制的其他非金融类企业在债券一级市场上推迟或取消发行债券的季度规模和季度支数均显著增加。其次，基于股票短期市场反应，本章发现债券市场上地方国企违约风险会通过同一实际控制人溢出到股票市场的上市公司，这些公司在债券违约日的累积异常股票收益率显著下降，且随时间推移短时间内无法完全修复。最后，基于舆论关注度，本章使用 2014～2020 年地方国资委控制的 A 股上市公司作为研究样本，有以下发现：第一，国有企业债券违约事件发生后，同一实际控制人下的其他公司的媒体报道数量、负面媒体报道数量及比例均显著上升。第二，当发生债券违约的国企位于市场化指数较低的地区，债券违约规模越大，上述效应越强，但债券主体信用评级是否起到预警作用，对该效应的强度没有显著影响。第三，当受到债券违约冲击公司的经营风险越高，或代理问题越严重时，关联公司受到债券违约事件风险溢出的影响更大。另外，经过平衡趋势检验、排除行业关联的溢出效应、安慰剂检验、替换控制组等结果依然稳健。

本章的研究可能具有以下启示。

第一，本章证实了地方国企债券违约通过同一实际控制人进行风险溢出的路径，指出地方国企债券违约通过实质风险和预期风险进行溢出的机制，有助于理解国有企业债券违约风险如何溢出及在不同交易市场中的影响，丰富了中国债券违约事件信用风险传染的理论及相关实证研究（张春强等，2019；宁博等，2020；陶然和刘峰，2021；Jin et al.，2022）。

第二，本章拓展了债券市场中地方政府隐性担保问题的研究。现有文献集中探讨了地方政府隐性担保衡量、形成机制与影响的研究（韩鹏飞和胡奕明，2015；钟宁桦等，2021），而对于债券市场中地方政府隐性担保预期削弱的影响和后果鲜少涉及。本章借助地方国企债券违约事件，表明地方政府隐性担保削弱后，债券市场和股票市场上的公司会出现负面反应，同时受到的负面媒体报道增加。

第三，本章丰富了媒体在资本市场中信息传递和监督作用的研究（Miller，2006；Tang and Tang，2016；于忠泊等，2011；刘启亮等，2013；周开国等，2016），以往文献探究了媒体在发现公司舞弊、环境等违规或风险行为的作用，本书则发现媒体可以识别地方国企债券违约事件溢出效应下具有潜在风险的公司，为理解媒体在资本市场中的信息角色和监督作用提供新的经验证据。

本章的研究框架如图 5 - 1 所示。

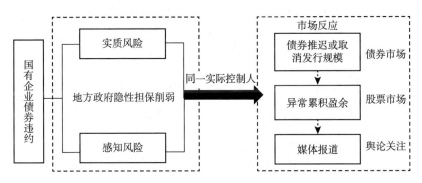

图 5 - 1 地方国企债券违约风险溢出路径的研究框架

第二节 研究假设

　　地方国有企业债券发生违约，暗含实际控制人对该国有企业出现财务困境时救助意愿和能力的减弱，投资者会对该实际控制人控制的其他公司重新进行风险评估。首先，在信息的传染效应下，单一公司债券违约的信息会迅速向外界扩散，引发市场参与者对该股东控股的其他公司财务状况的担忧。市场参与者对于股东的救助能力产生质疑，由于中国人是非常缺乏信任度的群体之一（张维迎和柯荣住，2002），国有债券违约会引发信任危机，此时，即使同一实际控制人的其他公司财务状况未发生变化也会受到影响。其次，同一实际控制人拥有的资源禀赋较为相似，这意味着被控股公司的营商环境、人力资本、技术优势均有较大相似之处，面临着相同的风险敞口，那么单一公司的债券发生违约很可能意味着关联公司的经营能力或多或少存在一些问题，此时也会使得风险蔓延到同一实际控制人的其他未违约企业。最后，由于国资委控制的国企通常为大型国有企业，这意味着违约公司的资金流、业务流已经深刻地嵌入当地经济发展和集团建设过程中，具有更多的交易对手方。而同一实际控制人其他地方国有企业与发生债券违约公司的地理距离更近，资金、业务往来更加频繁，此时，该地区的国有企业债券发生违约很可能会进一步影响到其他公司的经营活动和资金流动性，进而影响市场参与者预期。

　　从债券市场上看，地方国有债券违约后，市场投资者对该国资委下属的其他国企风险预期也发生改变，国有债券定价发行背后的地方政府隐性担保作用下降，此时债券市场进入调整阶段。国资委控制的其他企业进入债券一级市场上融资时，市场参与者会将国有债券违约引发的信用风险因素考虑在该公司的债券发行中。结合债券发行人披露的债券推迟或取消发行的统计情况来看，90%以上债券发行人推迟发行的原因披露为"近期市场波动较大"，即债券推迟主要由宏观外界因素导致而非债券发行人主动放弃，这进一步说明国有企业的风险可能已经蔓延至关联公司群体上，故关联公司取消或推迟发行债券概率增加。另外，已有研究文献证明，债券违约发生后，同一地区的其他公司债券发行成本增加（杨璐和方静，2021）。那么，该类受到国企债券违约溢出风险影响的关联公司可能也会由于债券发行成本过高而主动取消或推迟债券发行。基于此，本章提出假设1：

假设1：国有企业债券发生违约后，同一实际控制人控制的其他国企推迟或取消债券发行的规模增加。

从股票市场上看，国企在债券市场上的违约风险可能通过实质风险或感知风险影响股票市场上同一实际控制人控制的国企。基于实质风险，由于同一实际控制人下的企业共享相似现金流的概率更大，具有相似资源禀赋和公司治理结构的概率也越大，那么，这些关联公司也可能同样具有发生债券违约国企的一些风险特征，即也存在着经营状况差、公司治理混乱的风险。国有企业债券违约风险可能会通过同一实际控制人溢出到其他公司身上。基于感知风险，这一风险主要由投资者的风险预期导致，投资者的预期具有自我实现功能，当与发生国企债券违约共享同一实际控制人的其他企业不具有相似的实质风险特征时，投资者也可能会由国企债券违约，推想至地方政府隐性担保作用削弱，该地方政府救助意愿的下降。由于国企在股票市场的证券定价机制中包含了地方政府信用的影响，投资者可能会基于风险偏好重新对该类公司的市场价值进行调整定价。我国股票市场属于半强式有效市场（杨朝军，1999），股票价格可以充分反映所有的历史信息以及公开披露的信息，这意味着通过股票价格的变化可以捕捉市场上出现的新信息，故本章提出假设2：

假设2：地方国有企业债券发生违约后，同一实际控制人控制的其他国企出现负面股票市场反应。

由于债券违约可能通过实质风险和预期风险进行溢出，而预期风险的溢出效应主要来源于负面信息传染，这意味着即使关联公司的财务状况等基本面未发生变化，关联公司的公众舆论可能也会转为负面，从而引发风险溢出。媒体舆论在资本市场上扮演着信息角色和监督角色（Miller，2006；Drake et al.，2014），两者均可用于解释受到国企债券违约风险溢出效应的关联公司的媒体关注度增加。媒体具有信息传递、解释和挖掘作用。由于媒体报道倾向追求轰动效应，媒体会选取热点信息、引发公众阅读兴趣的信息进行报道（熊艳等，2011；Ahern and Sosyura，2015）。同时，相较于普通投资者，媒体具有更强优势获取公司私有信息。媒体机构拥有专业的信息搜集工具和工作人员，受到有限注意力等因素影响的程度要更低。国有企业债券违约发生后，媒体更有意愿和能力去挖掘和传播相关信息，这使得同一实际控制人下属的其他企业也更大概率被媒体关注。而从媒体的监督角色出发，媒体更多担任守门人的角色，通过报道公司日常经营活动，监督公司违法违规或寻租行为，降低公司进行舞弊、内部人交易的概率。从这方面来说，若同一实际控制人下其他违约的国企也暴露出相似的风险特征，则很可能会被媒体关注。

此外，媒体广告收入主要来自公司，这种业务关系可能使得媒体报道对象、时机、语调、内容发生转变。但是考虑到本章所考察的关联公司并不受到国有企业债券违约的直接影响，而是通过实际控制人关联途径间接溢出，公司则不太可能在债券违约风险溢出效应造成的负面影响还不确定时就与媒体主动建设联系，因此媒体对这类公司的监督发挥主导作用。基于上述分析，本章提出假设3：

假设3：地方国有企业债券发生违约后，同一实际控制人控制的其他国企媒体关注度更高。

第三节 研究设计

本章主要考察省国资委控制的地方国有企业发行的债券首次发生违

约后，经同一国资委作为实际控制人的风险溢出效应是否存在。本章通过三个场景检验这一问题：第一，考察地方国企债券违约事件发生后，对应地区地方国资委控制的国企在债券一级市场上推迟或取消债券发行的规模是否增加；第二，地方国企债券违约事件发生后，对应地区地方国资委控制的上市公司（简称"关联公司"）在股票市场上是否产生负面市场反应；第三，国企债券违约事件发生后，关联公司的媒体报道是否增加同时更加负面。

　　为检验上述问题，首先，本章通过 Wind 数据库搜集中国信用债发生违约的公告，确认地方国资委控制的国企发行的债券首次发生债券违约的时间，如表 5-1 所示。实证中选择将地方国资委控股公司首次发生债券违约作为外生冲击，由于该国资委控制公司首次发生债券违约后，该地政府隐性担保受到影响的冲击最强，因此把违约公告披露的时间作为事件冲击点。其次，通过 Wind 数据库搜集债券一级市场上地方国资委控制的非金融类企业取消或推迟发行债券的数据，构造国有企业债券取消或推迟发行数据库。再次，通过阅读 A 股上市公司财务报表，结合 CSMAR 数据库、天眼查、同花顺 ifind 等数据库确认发债企业、上市公司的最终实际控制人是否为地方国资委，构建地方国资委控制的发债企业数据库以及上市公司数据库。实证中仅考虑省级及省级以下政府国有资产监督管理委员会（后面简称"地方国资委"）为最终实际控制人的上市公司。若上市公司的最终实际控制人为中央国资委，即国务院国有资产监督管理委员会，则其受到某一地方政府信用影响的程度较弱。最后，从中国研究数据服务平台（CNRDS）下载上市公司媒体报道数据。公司股票交易数据和财务数据均来自 CSMAR 数据库。

表 5-1　　　　　　　债券违约时间及对应地方国资委分布

地方国资委	违约公告日期	违约债券	违约金额（亿元）	行业
吉林省	2015-07-31	125359.SH	3.000	农林牧渔
广西壮族自治区	2015-11-05	031490955.IB	5.000	机械设备

地方国资委	违约公告日期	违约债券	违约金额（亿元）	行业
上海市	2016 – 01 – 22	031565001. IB	10.000	化石能源
辽宁省	2016 – 03 – 28	041556006. IB	8.000	钢铁
四川省	2016 – 06 – 15	041576001. IB	10.000	化石能源
河北省	2016 – 11 – 17	041562060. IB	1.500	商贸零售
海南省	2018 – 08 – 24	011752084. IB	10.000	交通运输
天津市	2019 – 07 – 25	150570. SH	12.100	商贸零售
青海省	2019 – 09 – 30	101551031. IB	20.000	基础化工
湖南省	2019 – 11 – 02	112231. SZ	6.852	有色金属
河南省	2020 – 11 – 10	012000356. IB	10.320	化石能源

资料来源：Wind 数据库。

一、数据筛选

本章的样本期为 2014～2020 年，样本起始于 2014 年是因为首只地方国资委控制公司的债券违约发生在 2015 年，为便于比较事件冲击后实验组与控制组的变化，故样本开始于 2014 年。另外，受限于数据的可得性，样本结束于 2020 年。由于本章基于三个场景考察地方国企债券违约的风险溢出路径，涉及的样本和变量也有所差异。

首先，为了考察国企债券违约事件对关联公司推迟或取消债券发行的影响，本章以 2014～2020 年所有地方国资委控制的国有企业取消或推迟发债情况作为初始样本，共包括 6953 只债券，对应着 1233 家国有企业，再按照债券所对应的国资委，计算每季度推迟或取消债券发行的规模总和以及取消债券数量的总和，将样本结构调整为省份—季度维度，对应着 631 个观察值。

其次，为考察股票市场上关联公司的短期市场反应，初始样本为 2015～2020 年国资委控制的 A 股上市公司数据，包括 2974 个公司—年度样本，进一步剔除未受到债券违约冲击的公司样本，剩余 1060 个公司一年度样本。为估计这些关联公司债券违约日的异常累积盈余（cumulative abnormal return），进一步剔除债券违约日距公司 IPO 日不足 300 日的样本 48 个，并将其调整为公司与违约日期一一对应的样本，共包括 206 个公司维度样本，剔除发生过债券违约的公司 4 个，最后样本剩余 202 个观测值。

最后，为考察关联公司舆论关注情况，基于 2014～2020 年 A 股地方国资委控制的上市公司的 3437 个初始样本，剔除发生债券违约的上市公司样本 19 个，剔除 ST 样本及金融行业样本 109 个，进一步剔除关键变量及控制变量缺失值 191，最终剩余年度—公司样本 3118 个，对应着 594 个地方国资委控制的上市公司。本章对所有连续变量均进行上下 1% 的缩尾处理。

二、变量定义

根据三个不同的研究场景，本章构造了以下变量。

（一）被解释变量

为捕捉地方国企债券违约后，关联公司在债券市场中的融资情况，构造变量季度推迟或取消发行债券规模（*Issuevsum*），该变量通过分季度省份加总计算推迟或取消债券的计划发行规模得到，单位为亿元；季度推迟或取消发行债券数量（*Issuensum*），该变量通过分季度省份加总计算推迟或取消债券的计划发行的只数得到。

为进一步观察地方国企债券违约的信息传染溢出效应，本章借鉴刘启亮等（2013）、黄俊和郭照蕊（2014）的研究，分别考察公司的媒体报道年度数量以及负面媒体报道的情况。媒体报道数量为公司收到的年度媒体报道数量之和，如果公司年度内未曾收到任何媒体报道则取值为 0，并对其总数加 1 进行对数化处理，构建媒体报道数量指标（ln*Mediacover*）。另外，按照情感倾向指标为每篇新闻报道的倾向进行打分，我们统计了公司年度负面媒体数量的总和，也将其按照总数加 1 取自然对数进行标准化处理，构造负面媒体报道数量（ln*Negcover*）。此外，根据负面媒体报道数量占总媒体报道数量计算变量负面媒体报道比（*Negratio*）。

（二）解释变量

为衡量债券违约事件导致的国资委控制上市公司渐次受到冲击，本章构建指标 *Treatpost*，当某一地方国资委控制的国企首次发生债券违约后，则将该地方国资委作为实际控制人的其他 A 股上市公司（简称"关联公司"）所在的年份及以后年份记为 1，否则记为 0。基于债券一级市场的研究场景，指标 *Treatpost* 的定义方式有些许差别，它的构造方式为当某一地方国资委控制的公司首次发生债券违约后，若该国资委对应的企业债券的发行日期在债券违约的季度及之后则记为 1，否则记为 0。整体来说，该指标具体构建过程都是首先识别地方国资委债券首次出现债券违约的时间，其次将所有与违约债券同属相同地方国资委的其他上市公司（企业债券）标记相应的事件期，最后将所有处于事件期及事件期以后年度（季度）记为 1，其他记为 0。在股票市场中，事件发生时，该公司必须已经上市，否则将不受到该事件的影响。另外，需要说明的是，截至本书所研究的样本期（2020 年底），依然有 22 个省份的地方国资委控制的上市公司未受到债券违约事件冲击。

（三）控制变量

借鉴才国伟等（2015）、薛健和汝毅（2020）的研究选择了以下控制变量。控制变量中包括公司的财务特征，如公司规模（Lnasset），杠杆率（LEV），盈利状况（ROA），公司上市年龄（Listage）；公司成长性，如营业收入增长率（Growth），市值账面比（MB）；公司的治理结构，如第一大股东持股比例（LargestHolder），独立董事占比（Outsiders）。另外，本书还控制了公司分析师跟踪数量（AnaAttention），机构投资者持股比例（Instituhold），公司聘请的会计师事务所是否属于四大会计师事务所（*Big*4），以及是否收到非标审计意见（*MAO*）变量，用以表示该公司的信息披露环境和外部监督状况。股票交易市场的活跃程度对媒体关注度也有影响，本书还控制了股票换手率（*Turnover*）。考虑到不同年份、行业的媒体关注度可能存在系统性差异，对于模型估计的准确性造成干扰，模型中添加了年份和行业的固定效应。所有连续变量均进行上下 1% 的缩尾处理。模型中变量的具体定义如表 5 – 2 所示。

表 5 – 2　　　　　　　　　　　变量定义

变量	定义
Issuevsum	推迟或取消债券发行规模，分季度分省份加总计算推迟或取消债券的计划发行规模，单位为亿元
Issuensum	推迟或取消债券发行只数，分季度省份加总计算推迟或取消债券的计划发行的只数
ln*Mediacover*	媒体报道数量，公司年度媒体报道个数加一取对数
ln*Negcover*	负面媒体报道数量，公司年度负面媒体报道个数加一取对数
Negratio	负面媒体报道数量占比，负面媒体报道数量与媒体报道总量之比
Treatpost	当某一地方国资委控制公司首次发生债券违约后，该国资委控制的其他上市公司所在的年份及以后年份记为 1，否则记为 0
Lnasset	公司规模，公司年末资产取对数
ROA	公司资产收益率，公司净利润与总资产之比
LEV	负债率，公司总负债与总资产之比
Listage	公司上市年龄，公司上市年限取对数
Growth	公司成长性，营业收入增长比率
Outsiders	独立董事占比，独立董事人数与公司董事人数之比
LargestHolder	第一大股东持股占比，第一大股东持有股本占公司流通股比例
Instituhold	机构投资者持股比例，机构投资者持有股本合计数占公司流通股比例
AnaAttention	分析师追踪人数，公司分析师追踪个数加一取对数

变量	定义
MAO	会计信息质量，若审计意见为非标意见则取1，否则取0
Boardsize	两职合一，若公司总经理和董事长为一人则记为1，否则记为0
MB	市净率，市值与净资产之比
Big4	若公司的会计师事务所按年营业收入排名前四，则记为1，否则为0
Turnover	公司股票换手率，年度股票成交量与流通总股数之比

三、债券违约的不同情况

（一）场景一：债券一级市场推迟或取消发行

由于不同地方国资委控制国企的债券违约事件是渐进发生的，因此识别实验组和控制组是干净观察债券违约溢出效应的关键。首先，本部分选取位于涉事省份国资委邻近省份且未受到债券违约事件冲击的国资委控制企业作为控制组，此时依然有9个省份的样本未参与到回归中。由于这9个省份均未受到债券违约事件的冲击，我们将其均作为样本期最后一只违约债券事件（债券代码：012000356. IB，见表5－1）的控制组。

表5－3 Panel A 展示了本部分变量的描述性统计结果。变量 *Treat-post* 的平均值为0.357，标准差为0.479，表明样本中约有35%的样本受到地方国企债券违约事件溢出效应的影响。另外，变量 *Issuevsum* 的平均值为51.465，表明每省份每季度平均有51.465亿元的债券规模被推迟或取消发行，并且变量 *Issuevsum* 的标准差为88.513，中值为28，表明不同省份季度间被推迟或取消发行的债券规模差异较大。变量 *Issuensum* 的均值为11.02，标准差为26.335，表明每省份每季度平均有11只债券被推迟或取消发行。

表 5-3 描述性统计与双重差分结果

Panel A 描述性统计

变量	N	mean	sd	min	p25	p50	p75	max
Treatpost	631	0. 357	0. 479	0	0	0	1	1
Issuevsum	631	51. 465	88. 513	5	10. 500	28	58	1255
Issuensum	631	11. 02	26. 335	1	2	4	9	293

Panel B 单变量检验结果

变量	*Treatpost* = 0		*Treatpost* = 1		MeanDiff
	N	Mean	N	Mean	
Issuevsum	505	44. 280	126	80. 266	35. 986 ***
Issuensum	505	8. 139	126	22. 563	14. 425 ***

Panel C 双重差分

变量	事件期前			事件期后			DID
	实验组	控制组	Diff	实验组	控制组	Diff	
Issuevsum	24. 857	37. 510	− 12. 653 **	80. 266	72. 900	7. 366 *	20. 020 *
Issuensum	3. 485	5. 533	− 2. 048	22. 563	17. 038	5. 526 ***	7. 574 ***

注：***、** 和 * 分别表示在 1%、5% 和 10% 水平上显著。

Panel B 为根据地方国企债券违约事件变量（*Treatpost*）分组的单变量检验结果，可以发现，债券推迟或取消发行的规模和发行只数均在不同组别里存在显著差异。当样本受到债券违约事件冲击时，平均债券被取消发行规模为 80.266，显著高于未受到事件影响时的取消发行规模 44.280。同样，平均债券发行被取消只数也由 8.139 只上升为 22.563 只。单变量检验结果表明，某一地方国企债券违约事件会由同一实际控制人溢出到其他国企，使得这些关联国企在债券一级市场融资受阻，债券被迫取消或推迟发行。

另外，我们也进行了双重差分的简单回归①。Panel C 展示了关键变量在不同组别中的均值，以及不同组间的差异。债券推迟或取消发行规模变量 *Issuevsum* 在未受到冲击前，实验组和控制组的公司在 5% 水平上具有显著差异，但是实验组公司推迟或取消债券发行的规模低于控制组。受到债券违约事件冲击后，实验组债券平均推迟发行规模由24.857 亿元上升至 80.266 亿元，高于控制组的 72.900 亿元。通过双重差分均值比较结果发现，相较于控制组的公司，实验组的公司债券推迟或取消发行规模增幅更为显著。同样的，债券推迟或取消发行只数变量 *Issuensum* 在事件发生前，实验组和控制组之间并未具有显著差异，但在受到债券违约事件冲击后，其债券推迟发行只数由 3.485 只上升至22.563 只。通过变量双重差分均值比较的结果发现，相较于未受到债券违约冲击的样本，受到债券违约冲击样本推迟或取消债券发行只数在1% 水平上显著增加。

整体而言，通过以非金融类国有企业债券推迟或取消发行作为研究场景，本部分发现地方国有企业债券违约发生后，信用风险会通过以同一国资委为实际控制人溢出到其他企业上，导致这些企业在一级市场上通过发行债券融资受阻。需要注意的是，债券推迟或取消发行的根本原因在于市场资金紧缩，市场参与者的风险预期增加，但债券发行人取消或推迟发行可能由于债券发行利差上升，融资成本超过预期而取消发行，也可能由于"股债跷跷板效应"，股票市场走强，使得这部分债券发行人选择通过股票市场进行融资。由于本场景检验的样本期跨越了股票牛市与熊市期间，且检验样本中的企业许多为非上市公司，并不在股票市场具有直接融资的渠道，本场景的实证结果通过"股债跷跷板效应"进行解释的概率较小。为保证地方国有企业债

---

① 在此回归中，本部分未添加控制变量，仅包含双重差分变量 *Treatpost*。由于本部分基于债券市场，进一步引入发行人特征作为控制变量会有大量样本被剔除。另外，本部分使用债券市场上的推迟或取消发行规模，旨在考察地方国企债券违约是否可以通过同一控制人进行风险溢出，而非讨论国企债券违约风险可以造成多大程度的债券推迟发行，故本部分仅采用了不添加控制变量的双重差分模型。

券违约风险通过实际控制人这一风险溢出路径的稳健性，以及为证明后续章节实证检验的必要条件，本书同时在股票市场中检验了这一风险溢出路径。

(二) 场景二：股票市场债券违约日的短期市场反应

本部分使用事件研究法，探究地方国有企业债券违约是否可以通过同一控制人溢出到股票市场的上市公司中。借鉴德丰等（DeFond et al.，2005）、王永钦等（2014）的研究，我们使用市场法计算关联公司债券违约公告窗口期的市场累积异常盈余（CAR），将债券违约公告日定义为第 0 天（$t=0$），采用模型（5.1）计算 CAR 值：

$$CAR_{i,t} = \sum AR_{i,t} = \sum R_{i,t} - \widehat{R_{i,t}} \tag{5.1}$$

其中，$AR_{i,t}$ 为公司 i 第 t 日的异常回报率（abnormal return），为公司 i 第 t 日的收益率 $R_{i,t}$ 与预期股票收益率 $\widehat{R_{i,t}}$ 的差。

本书使用市场法估计预期股票收益率 $\widehat{R_{i,t}}$，预期股票收益的估计窗口期是 $[-200, -20]$，使用以下模型：

$$R_{i,t} = \beta_0 + \beta_1 R_{m,t} + \mu \tag{5.2}$$

$$\widehat{R_{i,t}} = \widehat{\beta_0} + \widehat{\beta_1} R_{m,t} \tag{5.3}$$

其中，$R_{i,t}$ 为公司 i 第 t 日的考虑现金红利的日个股收益率，$R_{m,t}$ 为沪深 300 指数的日收益率。在估计窗口期内使用模型（5.2）估计出系数 $\widehat{\beta_0}$、$\widehat{\beta_1}$，并将其带入模型（5.3）中，计算出公司 i 第 t 日的预期回报率 $\widehat{R_{i,t}}$。

根据上述公式，本部分计算了关联公司在对应的债券违约公告日窗口期（-10, 10）的异常累积盈余。结果如图 5-2 所示，可以发现在 $[-10, 0]$ 的窗口期内，关联公司在违约公告日前股票累积盈余略有下滑，这与公司在债券违约前会发布债券违约风险提示相符。在债券违约公告日前一天股票收益略有向上，可能由于投资者有限注意力或情绪噪声等因素使其对信息作出了错误反应。但在债券违约公告日后，累积异常股票收益率迅速下降，产生显著的负向股票累积盈余。随着公告日后推进，股票异常收益进一步下降，之后逐渐缓慢回升，但股票收益依然为负。

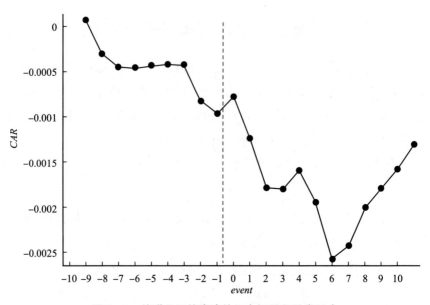

图5-2　关联公司债券违约日市场累积异常盈余

注：图表数据依据债券违约事件关联公司样本，使用市场法计算关联公司债券违约日的市场累积异常盈余（CAR），使用［-200，-20］作为预期盈余的估计窗，并计算了关联公司债券违约公告日窗口期［-10，10］的异常累积盈余。

图5-2的结果表明，地方国有企业债券违约发生后，同一国资委作为实际控制人的其他上市公司在股票市场上产生显著的负向市场反应。一方面，从股票短期市场反应角度，证实了地方国有企业债券违约风险由同一实际控制人进行风险溢出的路径，辅证了在债券一级市场场景中的实证检验结果，排除了"股债跷跷板效应"对本章研究结果的替代性解释。另一方面，本部分证明地方国有企业债券违约风险可以蔓延至股票市场中，国有企业债券违约不仅使得债券市场中的参与者提高了风险预期，也改变了股票市场中的投资者预期与风险偏好，因地方国有企业债券违约带来的负面溢出效应使得关联公司在债券市场和股票市

场承受双重压力。

（三）场景三：公司舆论关注

前面通过债券市场和股票市场检验了地方国企债券违约风险通过同一实际控制人的风险溢出路径，发现关联公司的投资者风险预期均发生变化，这部分将继续从公众舆论角度探究债券违约事件发生后，是否会引发负面信息传染效应，使得关联公司的关注度和负面报道增加，以进一步表明地方国企债券违约事件风险溢出效应所带来的舆论压力。

1. 模型设定

由于国资委控制公司的债券违约为渐进发生，因此债券违约事件对于关联公司具有较强外生性，本书采取了渐进双重差分的估计方法（stagger difference-in-difference）进行检验。这种方法适用于研究对象被"处理"的时间存在先后差异，控制组随着事件冲击逐渐变化为处理组（Almond et al.，2019；范子英等，2018），由此可以缓解单一事件冲击可能存在的内生性问题。例如，郭峰和熊祥瑞（2018）利用城市商业银行在不同地区渐进成立的变异性，使用渐进双重差分法估计了城商行对于区域经济的促进作用。

本书构建模型（5.4）用以检验地方国企债券违约与关联公司媒体报道之间的关系：

$$Mediacover = \beta_0 + \beta_1 Treat + \beta_2 Treatpost + \sum ControlVariables$$

$$+ \sum Year + \sum Ind + \varepsilon_{i,t} \qquad (5.4)$$

其中：被解释变量 $Mediacover$ 为公司的媒体关注度，具体衡量指标为公司年度媒体报道数量 $\ln Mediacover$ 和公司年度负面媒体报道数量 $\ln Negcover$。解释变量 $Treat$ 为表征双重差分模型中受到债券违约事件冲击的实验组虚拟变量，当关联公司的实际控制人为涉事地方国资委时，即受到该地方国资委控制的国企债券违约风险溢出效应影响，该类公司记为 1，否则记为 0。解释变量 $Treatpost$ 指某一地方国资委控制的国企首次发生债券违约后，其他被该地方国资委控制的公司当年及以后年度记为 1，否则记为 0。β_2 为我们感兴趣的回归系数，代表在控制其他不变因素后，相对于未受到地方国有企业债券违约风险溢出效应影响的国企，受到影响国企的媒体关注度的变化。模型中同时控制了年份和行业的固定效应，故代表事件冲击的时间变量估计系数在回归中被吸收。模型采用聚类在公司层面的稳健标准误。

本部分依据本章场景一的检验方法，选取了两种方法构建控制组。第一，本文选取与涉事省份国资委邻近且未受到债券违约事件冲击的国资委控制企业作为控制组。此时，样本中共包括 22 个省份中由国资委控制的上市公司，包含 2554 个样本。第二，由于依然有 9 个未受到债券违约冲击省份的样本未参与回归，回归中将其均作为样本期最后一只违约债券事件的控制组，作为渐进双重差分模型中控制组的第二种方法，此时参与回归的样本为 3118 个。

2. 描述性统计

表 5 - 4 为本部分样本的描述性统计结果。代表地方国企债券违约事件冲击的解释变量 *Treatpost* 的均值为 0.258，表明数据中约有 25.8% 的样本受到冲击。另外，变量 *Treat* 的均值为 0.408，约有 40% 的公司处于受到债券违约事件冲击影响的地方国资委的控制下。被解释变量媒体报道数量 ln*Mediacover* 的均值为 3.463，按照定义进行对数化转换，公司年度平均媒体报道数量为 99 条，该变量的标准差为 1.456，表明各公司年度受到媒体报道的数量具有较大差异。另外，公司年度负面报道数量 ln*Negcover* 的均值为 1.875，对数化转换后公司平均每年收到负面报道 15 条。公司年度平均负面媒体报道占比为 17.6%，标准差为 0.136。

从控制变量的描述性统计看，公司规模的平均值为 23.020，资产负债率为 0.511，盈利能力的平均值为 0.027。由于样本均为国资委控股公司，故公司规模、资产负债率的平均值要略高于常规样本，而盈利水平要略低于常规样本的统计情况。

表 5 - 4　　　　　　　　　　　**描述性统计**

变量	N	mean	sd	min	p25	p50	p75	max
Treatpost	2554	0.258	0.438	0	0	0	1	1
Treat	2554	0.408	0.491	0	0	0	1	1
Post	2554	0.617	0.486	0	0	1	1	1
ln*Mediacover*	2554	3.463	1.456	0	2.485	3.434	4.394	7.211
ln*Negcover*	2521	1.875	1.278	0	0.693	1.792	2.639	5.505
Negratio	2521	0.176	0.136	0	0.082	0.154	0.243	0.667
Lnasset	2554	23.020	1.314	20.159	22.028	22.949	23.967	26.086
LEV	2554	0.511	0.203	0.0900	0.348	0.526	0.665	0.939
ROA	2554	0.027	0.049	- 0.190	0.009	0.027	0.048	0.167
Listage	2554	2.780	0.545	0.693	2.639	2.944	3.135	3.332
Growth	2554	0.094	0.347	- 0.610	- 0.058	0.0560	0.173	2.089
Outsiders	2554	0.371	0.055	0.308	0.333	0.333	0.385	0.571
Duality	2554	0.091	0.288	0	0	0	0	1
LargestHolder	2554	0.388	0.151	0.127	0.273	0.364	0.500	0.763
Instituhold	2554	0.055	0.0629	0	0.010	0.033	0.079	0.310
MB	2554	1.684	1.094	0.809	1.057	1.317	1.865	7.732
Big4	2554	0.085	0.279	0	0	0	0	1
MAO	2554	0.021	0.144	0	0	0	0	1
AnaAttention	2554	1.212	1.137	0	0	1.099	2.079	3.807
Turnover	2554	4.167	3.335	0.359	1.803	3.193	5.493	17.86

3. 实证结果分析

（1）主检验。

表 5 - 5 报告了地方国企债券违约事件对关联公司媒体关注度的影响。列（1）和列（2）分别为仅添加年度行业固定效应和进一步引入控制变量的回归结果。在回归过程中，由于添加了年份固定效应，表征双重差分模型的时间指标变量的回归系数被吸收。核心变量 *Treatpost* 的

回归系数均在5%水平上显著为正，表明地方国有企业债券发生违约后，同一国资委控制的上市公司收到了更多的媒体报道数量。借鉴胡聪慧和齐云飞（2021）研究中回归系数的经济意义解释方式，以列（2）添加固定效应和控制变量的回归系数做经济意义解释，变量 *Treatpost* 的回归系数为 0.199，边际效应为 0.221（ = exp(0.199) − 1），表明相较于未受到债券违约影响下地方政府信用冲击的国资委控制公司，受到冲击的关联公司的媒体关注度增加 22.1%，具有较为显著的经济意义。回归结果进一步证明地方国企债券违约可以通过同一国资委的实际控制人进行风险溢出，这使得关联公司受到了更多舆论关注。

表 5 – 5　　　　　　　债券违约事件与关联公司媒体关注度

变量	(1) ln*Mediacover*	(2) ln*Mediacover*
Treatpost	0.368 *** (3.185)	0.199 ** (2.051)
Treat	− 0.247 *** (− 2.824)	− 0.062 (− 0.848)
Lnasset		0.541 *** (17.215)
LEV		0.187 (1.108)
ROA		1.273 ** (2.272)
Listage		− 0.069 (− 1.475)
Growth		− 0.174 *** (− 2.637)
Outsiders		0.983 ** (2.361)

续表

变量	(1) ln*Mediacover*	(2) ln*Mediacover*
Duality		0.076 (1.009)
LargestHolder		0.020 (0.110)
Instituhold		1.761*** (4.133)
MB		0.095*** (3.414)
*Big*4		−0.182** (−1.985)
MAO		−0.059 (−0.317)
AnaAttention		0.124*** (4.232)
Turnover		0.026*** (3.097)
_cons	0.073*** (13.692)	0.340 (0.965)
N	2554	2554
Industry FE	YES	YES
Year FE	YES	YES
Adjusted *R²*	0.077	0.333

注：①括号内 t 值为采用聚类在公司层面的稳健标准误；② *** 、 ** 和 * 分别表示在 1% 、5% 和 10% 水平上显著。下表同。

从控制变量的回归系数来看，当公司规模越大、盈利能力越强、公司治理状况越优时，公司的媒体关注度越高。同时，公司自身更好的信息环境，如分析师关注度更高、股票交易越活跃、机构投资者持股比例越高时，也会引发更多的媒体关注。这些结果与才国伟等（2015）、薛健和汝毅（2020）的研究结果一致。

接下来，表5-6进一步考察了地方国企债券违约事件引发的舆论关注是否以负面报道为主，这可以进一步证明是地方国有企业债券违约事件的风险溢出到关联公司上，对关联公司造成负面冲击。列（1）和列（2）是以负面报道数量为被解释变量（ln$Negcover$）的回归结果，核心变量$Treatpost$的回归系数分别在1%和5%水平上为正，表明国有企业债券违约的风险溢出效应使得关联公司的负面媒体报道增加。从经济意义上看，列（2）中$Treatpost$的回归系数为0.171，边际效应为0.186，表明相较于未受到债券违约影响下地方政府信用冲击的国资委控制公司，受到冲击的关联公司的负面媒体报道数量增加18.6%，这表明回归系数的经济意义是显著的。

表5-6 债券违约事件与关联公司负面媒体报道占比

变量	(1) ln$Negcover$	(2) ln$Negcover$	(3) $Negratio$	(4) $Negratio$
$Treatpost$	0.303 *** (3.010)	0.171 ** (2.011)	0.029 *** (2.612)	0.029 ** (2.565)
$Treat$	−0.137 * (−1.717)	−0.006 (−0.089)	0.034 *** (3.812)	0.029 *** (3.353)
$Lnasset$		0.461 *** (16.833)		0.002 (0.473)
LEV		0.233 (1.612)		0.020 (0.999)
ROA		0.405 (0.893)		−0.172 ** (−2.475)
$Listage$		−0.061 (−1.562)		−0.004 (−0.793)

续表

变量	(1) ln*Negcover*	(2) ln*Negcover*	(3) *Negratio*	(4) *Negratio*
Growth		−0. 156 *** (−2. 621)		0. 002 (0. 199)
Outsiders		0. 774 ** (2. 102)		0. 046 (0. 982)
Duality		0. 017 (0. 244)		−0. 006 (−0. 695)
LargestHolderRate		0. 129 (0. 818)		0. 033 * (1. 663)
Instituhold		1. 842 *** (4. 791)		0. 115 *** (2. 613)
MB		0. 119 *** (5. 155)		0. 000 (0. 144)
Big4		−0. 105 (−1. 339)		−0. 008 (−0. 890)
MAO		0. 099 (0. 642)		0. 058 ** (2. 274)
AnaAttention		0. 081 *** (3. 149)		−0. 007 ** (−2. 266)
Turnover		0. 011 (1. 558)		−0. 001 (−1. 141)
_cons	2. 564 *** (33. 851)	−8. 734 *** (−14. 076)	0. 236 *** (31. 034)	0. 179 ** (2. 325)
N	2521	2521	2521	2521
Industry FE	YES	YES	YES	YES
Year FE	YES	YES	YES	YES
Adjusted R^2	0. 132	0. 364	0. 113	0. 126

列（3）和列（4）考察了公司负面媒体报道的占比情况，使用变量 *Negratio* 作为被解释变量，变量 *Treatpost* 的回归系数也显著为正。以列（4）中 *Treatpost* 的回归系数为 0.029 做经济意义解释，相较于未受到债券违约事件影响的国资委控制公司，受到影响的关联公司负面报道比例上升 2.9%。整体回归结果表明，国有企业债券违约事件的风险溢出效应使得关联公司的负面报道数量和占比都显著增加，表明关联公司的确受到债券违约的负面冲击，舆论压力显著上升。

（2）平行趋势检验。

本部分的主要结论建立在渐进双重差分模型基础上，双重差分模型的一大重要使用前提是实验组和对照组在事件冲击前应满足平行趋势，即观测到实验组和对照组的差异是事件冲击所导致的而非其他因素，因此本章进行了平行趋势检验。

首先，我们生成事件期间变量 *Event*，*Event* 的取值分别为 -5、-4、-3、-2、-1、0、1、2、3、4、5，表示不同公司该年度和其实际控制人首次发生债券违约年度的间隔。例如，股票代码 000430 为湖南省国资委控制的一家上市公司，由于湖南省国资委控制的债券发行人首次出现债券违约为 2019 年 11 月，则该公司的变量 *Event* 在 2017 年的取值为 -2。其次，我们根据事件期间变量 *Event* 生成一系列虚拟变量 *Pre_i*，*Current* 和 *Pos_i*。具体而言，当该年度处于事件冲击前第 *i* 期且为实验组时，*Pre_i* 取 1，否则取 0；当该年度为债券违约冲击当期且为实验组时，*Current* 取值为 1，否则为 0；同样，当该年度处于债券违约冲击后第 *i* 期且为实验组时，*Pos_i* 取值为 1，否则为 0。最后，我们选取 *Pre_1* 为基期，并将这一系列虚拟变量作为解释变量加入模型（5.4），则这一系列虚拟变量的估计系数表示距离债券违约事件冲击不同期间，实验组和对照组间媒体关注度的差异，估计系数的显著性表示实验组和对照组的差异是否显著。如果变量 *Pre_i* 的系数不显著且变量 *Current* 和 *Pos_i* 的系数显著，则表明实验组和对照组的媒体关注度差异的确是地方国企债券违约的风险溢出效应导致的。

图 5－3 展示了以媒体报道数量为被解释变量的平行趋势检验结果，从中可以看出，受到债券违约冲击前实验组和对照组并不存在显著差异或者实验组的媒体关注度显著低于对照组。但是，当公司所属的地方国资委控制的某一公司发生债券违约后，其媒体报道数量显著高于未受到冲击的公司，表明主检验模型满足平行趋势检验。

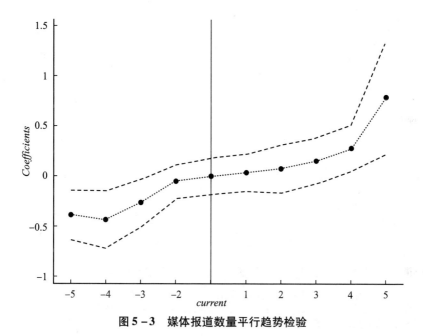

图 5－3　媒体报道数量平行趋势检验

注：图 5－3 为将表 5－5 中 *Treatpost* 变量替换为一系列虚拟变量的回归结果，纵坐标为这一系列虚拟变量的回归系数，横坐标为距离债券违约公告日的期间。图 5－3 中带点线为虚拟变量的回归系数，两条长虚线代表该回归系数 90％ 的置信区间。

同样地，我们也对被解释变量为负面媒体报道数量的双重差分模型进行了平行趋势检验。按照上述方法，我们将代表实验组和冲击时间的一系列虚拟变量引入模型中，被解释变量替换为 ln*Negcover*，结果如图 5－4 所示。可以发现，在地方国有企业债券违约前，受到风险溢出效应影响的公司和未受到影响的公司的负面媒体报道数量不具有显著差异，但是在事件冲击后，相较于未受到风险溢出影响的公司，受到影响的公司的负面媒体报道数量显著增加，表明实验组和控制组之间的负面媒体报道指标满足平行趋势检验，为国有企业债券违约事件的风险溢出效应对关联公司的负面冲击提供了有力证据。

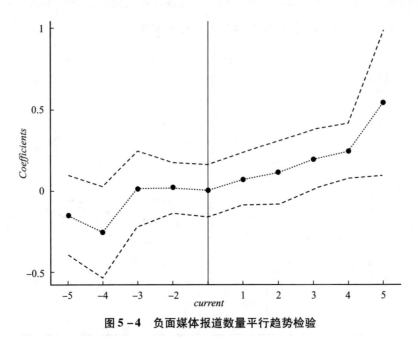

图 5 - 4　负面媒体报道数量平行趋势检验

注：横坐标为将表 5 - 6 中 *Treatpost* 变量替换为一系列虚拟变量的回归结果，纵坐标为这一系列虚拟变量的回归系数，横坐标为距离债券违约公告日的期间。图 5 - 4 中带点线为虚拟变量的回归系数，两条长虚线代表该回归系数 90% 的置信区间。

（3）债券违约事件特征截面检验结果。

由于债券违约事件本身的特征可能会影响到关联公司受到负面冲击的强度，本部分主要考察地方国有企业债券违约事件的特征如何影响风险溢出效应的强弱，进而导致公司媒体关注度的差异。一方面，该地区国资委控股的债券发行人发生违约可能意味着该地方政府的财政处于紧张状态，因此难以及时对债券发行人施以援手，导致本息未及时兑付而发生违约。另一方面，债券刚兑本为时代产物，随着市场化进程的加快，债券违约也可能是该地区政府在为推行债券市场化处置机制作准备。鉴于地方国有企业债券违约的底层逻辑是地方政府隐性担保预期的打破，那么当该地区的市场化水平越高时，资本市场越能通过自身的调节能力将风险进行分散并逐步消化，具有更完备的风险应对机制和制度环境。同时，当该地区市场化水平越高时，各方面要素更为齐全，市场参与者的金融素养和风险认知水平也更高，这意味着对于债券违约事件的发生更偏向于市场化的认知，单一债券违约发生的影响程度可能更小。基于此，本部分首先考虑了债券违约事件对应的地方国资委所在地区的市场化程度对地方国有企业债券风险溢出效应的影响。

本书使用樊纲市场化指数衡量地方国资委所在省份的市场化程度，设置变量 *Low_Mindex*，若该省份债券违约年度的市场化指数处于全国市场化指数中值以下，则变量 *Low_Mindex* 取值为 1，否则取值为 0。基于变量 *Low_Mindex*，本书对主回归结果进行分组检验，结果如表 5 – 7 所示。

表 5 – 7　　　债券违约地区市场化程度与关联公司媒体关注度

变量	(1) ln*Mediacover* 低市场化程度	(2) ln*Mediacover* 高市场化程度
Treatpost	0.539 *** (3.906)	– 0.014 (– 0.106)
Treat	– 0.040 (– 0.383)	– 0.065 (– 0.637)
Lnasset	0.436 *** (9.600)	0.647 *** (14.697)
LEV	0.381 * (1.711)	0.012 (0.046)
ROA	2.132 *** (3.153)	0.828 (1.053)
Listage	– 0.160 ** (– 2.191)	0.014 (0.225)

续表

变量	(1) ln*Mediacover* 低市场化程度	(2) ln*Mediacover* 高市场化程度
Growth	- 0. 207 ** (- 2. 414)	- 0. 121 (- 1. 298)
Outsiders	1. 773 *** (3. 442)	0. 994 (1. 332)
Duality	0. 101 (1. 059)	- 0. 052 (- 0. 434)
LargestHolderRate	0. 123 (0. 563)	0. 146 (0. 512)
Instituhold	0. 014 *** (2. 694)	0. 032 *** (4. 240)
MB	0. 036 (0. 875)	0. 129 *** (3. 930)
Big4	0. 008 (0. 044)	- 0. 370 *** (- 3. 282)
MAO	- 0. 253 (- 0. 920)	0. 045 (0. 197)
AnaAttention	0. 049 (1. 260)	0. 163 *** (3. 526)
Turnover	0. 024 ** (2. 286)	0. 021 * (1. 719)
_cons	- 6. 843 *** (- 6. 996)	- 12. 076 *** (- 11. 763)
N	1248	1306
Industry FE	YES	YES
Year FE	YES	YES
Adjusted R^2	0. 460	0. 283
经验 p 值	p = 0. 000 ***	

注：经验 p 值用于检验组间变量 *Treatpost* 系数差异的显著性，通过自体抽样（Boostrap）500 次得到。下表同。

列（1）核心变量 *Treatpost* 的回归系数在低市场化程度组在 1% 程度上显著为正，列（2）中的 *Treatpost* 变量在高市场化程度的回归系数为负但不显著。同时，自体抽样估计的经验 p 值也表明变量 *Treatpost* 的估计系数在不同组间在 1% 程度上存在显著差异。回归结果表明，当地方国资委所处的市场化程度越低时，地方国企债券违约风险溢出效应越强，导致关联公司媒体关注度增加的程度越显著。

表 5 – 8 进一步考虑了债券违约事件规模对关联公司媒体关注度的影响。当违约事件中债券规模越大时，债券违约引发的传染半径应该越大，关联公司受到的冲击程度越强。通过上述分析构建指标 *High_De-fault*，当债券违约事件中的单只债券违约规模高于均值（8.798 亿元）时，则变量 *High_Default* 记为 1，否则记为 0。表 5 – 8 中的列（1）和列（2）报告了基于债券违约规模的分组回归结果。列（1）为高债券违约规模组的回归结果，*Treatpost* 变量的回归系数在 1% 程度上显著为正；列（2）为低债券违约规模组的回归结果，*Treatpost* 变量的回归系数为负但是不显著。另外，自体抽样估计的经验 p 值也表明变量 *Treat-post* 的估计系数在高债券违约规模组和低债券违约规模组间在 1% 水平上存在显著差异。回归结果表明，相较于规模小的债券违约事件，债券违约规模大的事件下关联公司受到波及的程度更高，公司媒体关注度增幅更显著。该结果从侧面表明，通过地方国资委作为实际控制人的债券违约溢出效应是真实存在的，因此债券违约事件规模会对关联公司媒体关注度的影响产生显著差异。

表 5 – 8　　　　　　　　债券违约规模与关联公司媒体关注度

变量	(1) ln*Mediacover* 高债券违约规模	(2) ln*Mediacover* 低债券违约规模
Treatpost	0.593 *** (3.845)	– 0.108 (– 0.854)

续表

变量	(1) lnMediacover 高债券违约规模	(2) lnMediacover 低债券违约规模
Treat	−0. 063 (−0. 494)	−0. 057 (−0. 628)
Lnasset	0. 479 *** (9. 424)	0. 595 *** (14. 394)
LEV	0. 268 (1. 089)	−0. 109 (−0. 467)
ROA	1. 491 * (1. 745)	0. 992 (1. 457)
Listage	−0. 055 (−0. 665)	−0. 125 ** (−2. 155)
Growth	−0. 217 ** (−2. 259)	−0. 111 (−1. 339)
Outsiders	1. 648 *** (2. 887)	1. 402 ** (2. 227)
Duality	0. 036 (0. 373)	0. 055 (0. 514)
LargestHolderRate	−0. 072 (−0. 281)	0. 246 (1. 004)
Instituhold	0. 014 ** (2. 394)	0. 026 *** (3. 927)
MB	0. 079 (1. 532)	0. 128 *** (4. 396)
Big4	−0. 220 (−1. 098)	−0. 255 ** (−2. 309)

续表

变量	(1) ln*Mediacover* 高债券违约规模	(2) ln*Mediacover* 低债券违约规模
MAO	−0.412 (−1.392)	0.314 (1.519)
AnaAttention	0.075 * (1.768)	0.174 *** (4.204)
Turnover	0.035 *** (3.027)	0.011 (0.933)
_cons	−7.980 *** (−7.242)	−10.628 *** (−10.969)
N	1187	1367
Industry FE	YES	YES
Year FE	YES	YES
Adjusted R^2	0.291	0.443
经验 p 值	p = 0.000 ***	

另外，负面事件在信息不对称程度更强的情况下溢出效应更强（王永钦等，2014）。当公众可以通过更多信息渠道了解债券信用状况和违约风险时，债券违约事件发生超出预期的幅度降低，与债券违约相关的风险信息被逐步释放，关联公司受到的媒体舆论冲击可能下降。据此，这部分考虑了债券违约主体信用评级的作用。通过上述分析构建 *Treat_False* 指标，当债券违约前发行人主体信用评级与其发行时的主体信用评级没有差别时，即违约前并未下调评级，则指标 *Treat_False* 记为 1；若在债券违约发生前发行人主体信用评级下调则记为 0。表 5 - 9 中的列（1）和列（2）报告了基于发行人主体信用评级在违约前是否下调的分组回归结果。

表 5 - 9 债券信用评级预警与关联公司媒体关注度

变量	(1) ln*Mediacover* 主体评级未调低	(2) ln*Mediacover* 主体评级调低
Treatpost	0. 222 * (1. 666)	0. 192 (1. 397)
Treat	− 0. 136 (− 1. 291)	0. 018 (0. 176)
Ln*asset*	0. 581 *** (11. 625)	0. 516 *** (12. 934)
LEV	− 0. 028 (− 0. 132)	0. 379 (1. 537)
ROA	1. 366 ** (2. 003)	0. 825 (1. 080)
Listage	− 0. 187 *** (− 2. 735)	0. 124 * (1. 825)
Growth	− 0. 114 (− 1. 237)	− 0. 172 ** (− 1. 966)
Outsiders	0. 901 (1. 622)	1. 162 * (1. 863)
Duality	0. 001 (0. 010)	0. 130 (1. 166)
LargestHolderRate	− 0. 202 (− 0. 823)	0. 328 (1. 273)
Instituhold	0. 013 * (1. 923)	0. 011 * (1. 858)
MB	− 0. 005 (− 0. 132)	0. 154 *** (4. 643)
*Big*4	− 0. 189 (− 1. 616)	− 0. 135 (− 0. 852)

续表

变量	(1) lnMediacover 主体评级未调低	(2) lnMediacover 主体评级调低
MAO	0.480 * (1.790)	-0.577 ** (-2.543)
AnaAttention	0.109 *** (2.582)	0.142 *** (3.529)
Turnover	0.040 *** (3.338)	0.021 * (1.841)
_cons	-9.509 *** (-8.656)	-9.486 *** (-10.326)
N	1257	1297
Industry FE	YES	YES
Year FE	YES	YES
Adjusted R^2	0.356	0.399
经验 p 值	p = 0.430	

列（1）为债券违约发生前，信用评级未起到预警作用的回归结果，Treatpost 变量的回归系数在 10% 程度上显著为正，列（2）为事先起到预警作用债券违约组的回归结果，Treatpost 变量的回归系数为正但是不显著。另外，自体抽样估计的经验 p 值为 0.43，表明变量 Treatpost 的估计系数在两组之间并不存在显著差异。本书认为这可能由于两方面原因造成：一方面，中国信用评级行业评级膨胀现象一直饱受诟病，因此市场参与者在进行债券投资时较少依赖评级信息进行决策，信用评级在违约前有否调整可能对公众的市场预期影响较少，债券违约事件发生后，关联公司均会受到冲击。另一方面，被解释变量公司媒体关注度为年度汇总所得，数据颗粒度较粗，可能未能捕捉到债券违约前几月的信

用评级调整情况。整体回归结果表明，无论主体信用评级是否起到预警作用，关联公司都会受到地方国有企业债券违约风险溢出效应的影响，从而引发更多的媒体关注。

（4）公司特征截面检验结果。

进一步地，本书通过观察关联公司特征差异如何影响其受到地方国有企业债券违约溢出效应的程度。除宏观因素和地方政府的纾困意愿外，发生债券违约的国有企业大概率存在经营不善或者内部治理结构混乱等问题，导致在债券到期日难以按时兑付本息，债券发生违约现象。因此，这部分主要考察关联公司的经营风险和代理问题对上述债券违约风险溢出效应的影响。

首先，借鉴张吉鹏等（2021）的研究，按照式（5.5）和式（5.6）计算公司的经营风险水平：

$$Adj\_Roa_{i,t} = \frac{EBIT_{i,t}}{Asset_{i,t}} - \frac{1}{X} \sum \frac{EBIT_{i,t}}{Asset_{i,t}} \qquad (5.5)$$

其中，$EBIT_{i,t}$ 为公司某一年的息税前利润，$Asset_{i,t}$ 为公司的年末总资产，X 代表行业中具有的公司个数。

通过式（5.5）计算出经过行业调整的公司盈利水平 $Adj\_Roa_{i,t}$，再按照式（5.6），计算以三年为滚动观察窗口的行业调整后的公司盈利水平标准差，记为指标 $Risk$。

$$Risk_{i,t} = \sqrt{\frac{1}{T-1} \sum \left(Adj\_Roa_{i,t} - \frac{1}{T} \sum Adj\_Roa_{i,t} \right)^2} \qquad (5.6)$$

下面按照行业经营风险均值进行分组回归，结果报告在表 5-10 中。列（1）为经营风险高组的回归结果，$Treatpost$ 变量的回归系数在 5% 水平上显著为正，列（2）为经营风险低组的回归结果，$Treatpost$ 变量的回归系数为正但不显著。观察列（1）、列（2）中 $Treatpost$ 变量回归系数的绝对值可以发现，当公司经营风险越高时，其面临债券违约受到的负面冲击越大，公司受到的舆论关注增加越显著。

表5-10 债券违约、关联公司经营风险与媒体关注度

变量	(1) ln*Mediacover* 经营风险高组	(2) ln*Mediacover* 经营风险低组
Treatpost	0.276 ** (2.212)	0.166 (1.054)
Treat	-0.143 (-1.444)	0.005 (0.048)
Lnasset	0.512 *** (12.918)	0.555 *** (10.121)
LEV	0.432 * (1.823)	-0.094 (-0.378)
ROA	1.093 (0.818)	0.803 (1.250)
Listage	-0.157 *** (-2.655)	0.148 * (1.885)
Growth	-0.089 (-1.011)	-0.205 ** (-2.081)
Outsiders	1.393 *** (2.719)	0.177 (0.241)
Duality	-0.004 (-0.039)	0.232 * (1.649)
LargestHolderRate	-0.036 (-0.156)	0.148 (0.497)
Instituhold	0.020 *** (3.636)	0.015 ** (2.409)
MB	0.138 *** (3.317)	0.070 * (1.675)
*Big*4	-0.303 *** (-2.751)	0.108 (0.679)

续表

变量	(1) ln*Mediacover* 经营风险高组	(2) ln*Mediacover* 经营风险低组
MAO	0.470 (1.088)	− 0.098 (− 0.461)
AnaAttention	0.107 *** (2.813)	0.141 *** (2.847)
Turnover	0.013 (1.291)	0.041 *** (2.778)
_cons	− 8.521 *** (− 9.737)	− 9.839 *** (− 7.825)
N	1666	888
Industry FE	YES	YES
Year FE	YES	YES
*Adjusted R*²	0.313	0.369

　　接下来，本书考察了关联公司代理问题对地方国有企业债券违约风险溢出的影响。借鉴李寿喜（2007）、吴育辉和吴世农（2010）的研究，采用管理费用率来衡量上市公司代理问题即高管机会主义行为的严重程度。按照管理费用率的行业年度均值将样本划分为高代理问题组和低代理问题组，对主检验进行分组回归，结果汇报在表 5 – 11 中。

表 5 – 11　　　　　债券违约、关联公司代理问题与媒体关注度

变量	(1) ln*Mediacover* 代理问题高组	(2) ln*Mediacover* 代理问题低组
Treatpost	0.236 ** (2.140)	0.143 (0.728)

续表

变量	（1） ln*Mediacover* 代理问题高组	（2） ln*Mediacover* 代理问题低组
Treat	−0.019 （−0.244）	−0.416 ** （−2.556）
Lnasset	0.594 *** （16.119）	0.404 *** （6.423）
LEV	0.223 （1.188）	0.113 （0.301）
ROA	1.249 ** （2.052）	1.788 （1.197）
Listage	−0.124 ** （−2.399）	0.232 ** （2.248）
Growth	−0.191 ** （−2.547）	−0.084 （−0.671）
Outsiders	0.964 ** （1.986）	2.180 *** （2.887）
Duality	−0.003 （−0.042）	0.471 *** （2.711）
LargestHolderRate	0.166 （0.788）	−0.066 （−0.188）
Instituhold	2.070 *** （4.264）	0.717 （0.953）
MB	0.081 *** （2.713）	0.136 （1.607）
Big4	−0.268 ** （−2.243）	0.006 （0.043）
MAO	0.180 （0.821）	−0.130 （−0.427）

变量	(1) ln*Mediacover* 代理问题高组	(2) ln*Mediacover* 代理问题低组
AnaAttention	0.136 *** （3.943）	0.083 （1.565）
Turnover	0.032 *** （3.359）	0.019 （1.156）
_cons	− 10.322 *** （− 12.508）	− 7.436 *** （− 5.082）
N	1936	618
Industry FE	YES	YES
Year FE	YES	YES
Adjusted R^2	0.370	0.333

列（1）为代理问题高组的回归结果，*Treatpost* 变量的回归系数在5%程度上显著为正，列（2）为经营风险低组的回归结果，*Treatpost* 变量的回归系数为正但不显著。回归结果表明，关联公司的代理问题越严重，地方国有企业债券违约的风险溢出效应会对其造成的影响越大，公司受到的媒体报道数量增加。

结合两个关联公司特征的整体分组回归结果表明，当关联公司与发生债券违约的公司具有相似的风险特征时，如较高的经营风险或代理成本时，越容易受到债券违约后的传染效应影响，面临的公众舆论压力增大。

4. 稳健性检验

由于地方政府隐性担保受到负面冲击是渐进发生的，渐进双重差分的估计方法缓解了上述检验结果是由其他同期发生事件等混淆因素造成的可能。一般来说，债券违约受到宏观因素、个体因素的影响，公司的媒体关注程度不会导致其他具有相同实际控制人的发行人发生债券违约，不存在反向因果关系。需要注意的是，债券违约导致评级的传染半径并不确定，比如某一地区国企债券发生违约后，市场收到地方政府隐性担保削弱的风险信号，进一步引发市场负面预期，不仅该地区国资委控制的公司会受到影响，其他地区国资委控制的发行主体可能也会受到影响。但是，按照本书的检验逻辑，此时其他未被处理的控制组也应因债券违约风险溢出效应受到更多媒体关注度，而非相反，因此本书实际检验出的结果是被低估的。但为了使本章的结果更加稳健，本部分进行了以下检验。

（1）替换控制组。

本部分使用第二种方法构造的控制组进行了重新回归。此时样本中所有省份国资委控制的上市公司均参与回归，包含 3118 个样本。基于此样本，代表实验组变量 $Treat1$ 的均值为 0.333，代表实验组渐次受到事件冲击变量 $Treapost1$ 的均值为 0.211，即约有 21% 的样本受到国有企业债券违约事件溢出效应的影响。表 5-12 中展示了基于这一样本的回归结果。

表 5-12　　债券违约与媒体关注度的稳健性检验 1：替换控制组

变量	(1) ln$Mediacover$	(2) ln$Mediacover$	(3) ln$Negcover$	(4) ln$Negcover$
$Treatpost1$	0.312 *** (2.891)	0.219 ** (2.426)	0.224 ** (2.409)	0.156 ** (1.991)
$Treat1$	-0.170 ** (-2.166)	-0.070 (-1.085)	-0.048 (-0.675)	0.015 (0.254)
$Lnasset$		0.527 *** (19.691)		0.460 *** (19.372)
LEV		0.160 (1.086)		0.149 (1.170)
ROA		1.141 ** (2.288)		0.451 (1.088)

续表

变量	(1) ln*Mediacover*	(2) ln*Mediacover*	(3) ln*Negcover*	(4) ln*Negcover*
Listage		−0.065 (−1.586)		−0.065 * (−1.894)
Growth		−0.142 *** (−2.621)		−0.148 *** (−3.073)
Outsiders		1.138 *** (3.144)		0.958 *** (2.984)
Duality		0.112 * (1.673)		0.068 (1.111)
LargestHolderRate		0.046 (0.286)		0.170 (1.199)
Instituhold		1.554 *** (4.093)		1.557 *** (4.449)
MB		0.102 *** (4.397)		0.126 *** (6.538)
Big4		−0.189 ** (−2.260)		−0.105 (−1.463)
MAO		0.045 (0.286)		0.154 (1.176)
AnaAttention		0.131 *** (5.041)		0.082 *** (3.538)
Turnover		0.022 *** (3.137)		0.011 * (1.784)
_*cons*	3.884 *** (57.171)	−9.002 *** (−15.017)	2.493 *** (38.742)	−8.773 *** (−16.526)
N	3118	3118	3078	3078
Industry FE	YES	YES	YES	YES
Year FE	YES	YES	YES	YES
Adjusted R^2	0.091	0.346	0.146	0.377

列（1）和（2）是以公司媒体报道数量为被解释变量的回归结果，列（1）仅加入年份行业固定效应，列（2）中进一步引入控制变量，可以发现变量 $Treatpost1$ 的回归系数至少在 5% 水平上显著为正。列（3）、列（4）的被解释变量是公司的负面媒体报道数量，核心变量 $Treatpost1$ 的回归系数同样在 5% 水平上显著为正，表明地方国有企业债券违约风险的确可以通过同一实际控制人溢出到其他公司上，导致公司的媒体关注度增加，表明本章所检验的结果是稳健的。

（2）改变样本期间。

另外，由于债券违约受到宏观信用收紧的影响，2020 年新冠疫情的发生加剧了经济下行的风险，债券违约发生的概率增加。虽然本章所检验的模型为多事件共同组成的渐进双重差分模型，缓解单一事件混淆因素对估计结果的影响，但若 2020 年债券违约事件引发的处理效应占据主导作用，则可能无法排除新冠疫情对本书研究结果的干扰。因此，本部分剔除了 2020 年的样本，结果汇报在表 5 - 13 中。

表 5 - 13　　债券违约与媒体关注度的稳健性检验 2：改变样本区间

变量	（1） ln*Mediacover*	（2） ln*Mediacover*	（3） ln*Negcover*	（4） ln*Negcover*
Treatpost	0. 398 *** （3. 228）	0. 218 ** （2. 090）	0. 363 *** （3. 358）	0. 212 ** （2. 296）
Treat	- 0. 250 *** （- 2. 861）	- 0. 064 （- 0. 873）	- 0. 137 * （- 1. 719）	0. 001 （0. 012）
Ln*asset*		0. 544 *** （15. 332）		0. 473 *** （15. 000）
LEV		0. 238 （1. 282）		0. 359 ** （2. 220）
ROA		1. 272 ** （2. 196）		1. 183 ** （2. 328）

续表

变量	(1) ln*Mediacover*	(2) ln*Mediacover*	(3) ln*Negcover*	(4) ln*Negcover*
Listage		− 0. 071 (− 1. 377)		− 0. 044 (− 1. 021)
Growth		− 0. 141 ** (− 1. 983)		− 0. 127 * (− 1. 947)
Outsiders		0. 721 (1. 635)		0. 576 (1. 426)
Duality		0. 090 (1. 118)		0. 014 (0. 185)
LargestHolderRate		− 0. 089 (− 0. 465)		0. 094 (0. 550)
Instituhold		0. 018 *** (3. 840)		0. 019 *** (4. 369)
MB		0. 091 *** (2. 667)		0. 112 *** (3. 892)
*Big*4		− 0. 206 ** (− 2. 116)		− 0. 130 (− 1. 504)
MAO		− 0. 041 (− 0. 207)		0. 194 (1. 168)
AnaAttention		0. 126 *** (3. 990)		0. 076 *** (2. 673)
Turnover		0. 028 *** (2. 952)		0. 012 (1. 472)
_cons	3. 949 *** (48. 968)	− 9. 224 *** (− 11. 262)	2. 564 *** (33. 862)	− 9. 044 *** (− 12. 416)
N	2130	2130	2112	2112
Industry FE	YES	YES	YES	YES
Year FE	YES	YES	YES	YES
Adjusted R^2	0. 055	0. 319	0. 095	0. 340

列（1）~列（4）分别检验了国企债券违约溢出效应对关联公司媒体报道总量和负面媒体报道总量的影响。核心变量 *Treatpost* 的回归系数在 5% 水平以上显著为正，排除了新冠疫情对本部分结果的替代解释，证明了本章主要结果的稳健性。

　　（3）排除行业关联的债券违约风险溢出效应。

　　本章主要考察了地方国有企业债券违约后通过同一实际控制人形成的风险溢出效应，但是在高度分工化的现代经济环境下，经济实体之间的关联关系增强，国有企业债券违约风险也可能通过同一行业进行溢出。为排除行业关联下债券违约风险溢出效应对本章结果的干扰，使用证监会 2012 行业代码（其中，制造业考虑 2 级代码，其他行业仅考虑 1 级代码），本章进一步识别每一违约事件下债券发行人所在行业，并将回归样本中与发生债券违约国企同属一个行业公司的样本剔除，重新进行估计，回归结果如表 5 – 14 所示。列（1）~列（4）中核心变量 *Treatpost* 的回归系数至少在 5% 程度上显著为正。同时，根据添加控制变量的回归结果，列（2）和列（4）变量 *Treatpost* 回归系数的绝对值高于主回归中的检验结果，这表明剔除行业关联样本，本书所检验的经由同一实际控制人的地方国有债券违约风险溢出效应更强了，表明本章结果依然稳健。

表 5 – 14　　债券违约与媒体关注度的稳健性检验 3：排除行业关联溢出效应

变量	(1) ln*Mediacover*	(2) ln*Mediacover*	(3) ln*Negcover*	(4) ln*Negcover*
Treatpost	0. 396 *** （3. 308）	0. 237 ** （2. 365）	0. 321 *** （3. 078）	0. 199 ** （2. 264）
Treat	− 0. 330 *** （− 3. 590）	− 0. 151 ** （− 2. 002）	− 0. 207 ** （− 2. 476）	− 0. 078 （− 1. 123）
Lnasset		0. 530 *** （16. 180）		0. 440 *** （15. 747）
LEV		0. 220 （1. 214）		0. 232 （1. 493）

续表

变量	(1) lnMediacover	(2) lnMediacover	(3) lnNegcover	(4) lnNegcover
ROA		1.666 *** (2.752)		0.639 (1.307)
Listage		−0.050 (−1.015)		−0.033 (−0.825)
Growth		−0.152 ** (−2.273)		−0.135 ** (−2.266)
Outsiders		1.054 ** (2.487)		0.724 * (1.927)
Duality		0.029 (0.373)		−0.049 (−0.697)
LargestHolderRate		0.061 (0.322)		0.224 (1.350)
Instituhold		1.808 *** (4.104)		1.872 *** (4.743)
MB		0.083 *** (2.904)		0.104 *** (4.478)
Big4		−0.160 * (−1.742)		−0.081 (−1.027)
MAO		−0.038 (−0.197)		0.138 (0.848)
AnaAttention		0.111 *** (3.661)		0.081 *** (3.062)
Turnover		0.022 ** (2.390)		0.009 (1.112)
_cons	3.993 *** (47.009)	−9.017 *** (−12.142)	2.607 *** (32.924)	−8.273 *** (−13.060)
N	2344	2344	2312	2312

变量	(1) ln*Mediacover*	(2) ln*Mediacover*	(3) ln*Negcover*	(4) ln*Negcover*
Industry FE	YES	YES	YES	YES
Year FE	YES	YES	YES	YES
Adjusted R^2	0.081	0.336	0.136	0.365

（4）安慰剂检验。

平行趋势检验结果表明实验组和对照组在政策冲击前并不存在显著差异，证实本章通过构建双重差分模型得出的主要结论较为稳健。为了进一步排除遗漏变量、不可观测的时变因素对双重差分模型估计的干扰，证明本章所检验的国有企业风险溢出效应对媒体关注度的影响真实存在，而非偶发的结果，本部分进一步通过构建"伪实验组"进行安慰剂检验。

具体而言，首先生成虚拟实验组变量 *Placebo_treat*，根据实验组在样本中的占比随机抽取相同比例公司设定为"伪实验组"并取 1，将其余公司设定为"伪对照组"并取 0。其次，本书将虚拟实验组变量 *Placebo_treat* 替换模型（5.4）中实验组变量 *Treat* 重新构建双重差分模型，并得到交互项 *Placebo_treatpost* 的 t 值。最后，将上述过程重复 1000 次，若变量 *Placebo_treat* 的回归系数对应 t 值的概率密度分布近似以 0 为中心的正态分布，且抽样回归结果落在真实回归估计 t 值区域的概率更小，则表明国企债券违约对随机设定的分组并不具有显著结果。图 5 - 5（a）为被解释变量为公司媒体报道总量的安慰剂检验，建立在"伪实验组"双重差分模型上产生的 t 值近似服从正态分布，垂直虚线为本章主检验中变量 *Treatpost* 回归系数对应的 t 值，可以发现绝大多数伪回归系数对应的 t 值都落在虚线左边区域，表明本章的结果不是偶发的。同样的处理过程，本章也考察了被解释变量为公司媒体负面报道的安慰剂检验，结果如图 5 - 5（b）所示，可以发现在 1000 次抽样回归中，极少样本落在真实 t 值右边区域，基本排除了其他不可观测的时变因素对本章主要结论的干扰。

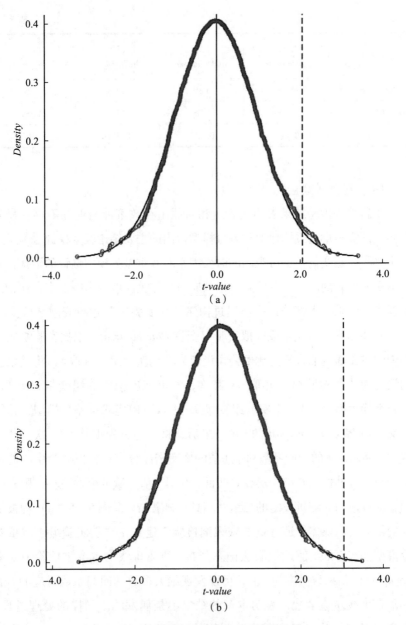

图 5 - 5　媒体报道数量安慰剂检验

　　注：曲线为通过 1000 次随机模拟产生的伪变量 *Placebo_treatpost* 估计系数 t 值的累积分布密度，纵坐标为分布的概率，横坐标单位为 δ，垂直虚线为真实回归中核心变量 *Treatpost* 回归系数对应的 t 值。

第四节　本 章 小 结

本章论证了地方国有企业债券违约风险能否通过同一实际控制人进行溢出，使得该实际控制人（"地方国资委"）控制下其他的公司受到债券违约冲击。本章主要通过三个场景回答了这一问题。

首先，基于债券一级市场的发行情况，本章发现当某一地方国资委控制的国企首次发生债券违约后，该地方国资委控制的其他非金融类企业在债券一级市场上推迟或取消发行债券的季度规模和季度支数均显著增加，这些企业通过债券一级市场融资受阻。

其次，基于股票市场的短期市场反应，本章发现当某一地方国资委控制的国企发生债券违约后，这一风险会溢出到股票市场中该地方国资委控制的其他上市公司（"关联公司"）上，关联公司在债券违约日的累积异常股票收益率显著下降，且随时间推移短时间内无法完全修复，关联公司的投资者风险预期增加。

最后，以媒体关注度作为被解释变量，本章使用 2014～2020 年地方国资委控制的 A 股上市公司为研究样本，使用渐进双重差分模型，有以下发现：第一，地方国有企业债券违约事件发生后，关联公司的媒体报道数量、负面媒体报道数量及比例均显著上升，表明关联公司因债券违约事件的风险溢出效应影响，受到更多的舆论关注。第二，根据债券违约事件的特征分组检验发现，当发生债券违约的国企所属的地方国资委位于市场化指数较低的地区，或当债券违约事件的违约规模越大时，债券违约风险溢出效应更强，关联公司媒体关注度增加的幅度更为明显；但是，债券主体信用评级是否起到预警作用，对关联公司受到债券违约风险溢出效应程度的影响没有显著差异。第三，根据关联公司的特征分组检验发现，当关联公司的经营风险越高，或代理问题越严重时，即与违约债券主体具有相似风险特征时，关联公司受到债券违约事件风险溢出的影响更大。

整体而言，本章基于三个场景证实了地方国有企业债券违约风险通过同一实际控制人进行风险溢出的路径，有助于理解国有企业债券违约风险如何溢出及在不同交易市场中的影响。从债权人角度来看，债券违约后，关联公司被迫在债券市场上大面积取消或推迟债券发行，这源于债券市场参与者对债券发行人偿付能力的担忧，债权人需提升风险意识，提防因债券违约引发的流动性挤兑而遭受损失。从投资者角度来看，投资者需关注国有企业债券违约风险的跨市场溢出效应。在投资决策时，对公司经营状况、治理结构等公司基本面指标予以重视，减弱地方政府隐性担保在投资决策中的考虑比重。另外，投资者需要做好投资组合管理，及时识别投资组合中潜在性的流动性风险，警惕信用风险造成的损失。从公司角度来看，国企需要加强现金流管理，制定科学的资金调配制度，合理配置资产负债，避免高风险投资。同时，及时监测和评估公司自身及关联企业的信用状况和偿债能力，在宏观流动性收紧的情况下采取有效的预防措施。另外，地方国企需要加强公司治理，明确高管的履职责任和权限，警惕道德风险引发的信用风险事件。从监管方角度来看，则需建立和完善信用风险预防和预警处置体系，加强对跨市场、跨领域信用风险的监测、评估、分析和应对措施，加强对债券违约风险的防范措施，防范和杜绝系统性风险的发生。

第六章

地方国企债券违约风险溢出与融资成本

第一节 引　　言

根据《2023 年社会融资规模增量统计数据报告》，2023 年全国社会融资规模增量为 35.59 万亿元，其中约有 62.4% 为银行贷款融资，4.6% 的融资为企业债券融资，而股票融资仅占 2.2%。通过银行等金融机构的债务融资方式是我国公司融资的主要渠道，我国长期处于以及仍处于以间接融资方式为主的金融体系下。债务资源作为企业生产运营的关键要素，催生了管理层与债权人之间一系列复杂的契约关系，在构建这些契约时，收益承诺和担保是合同重要的组成内容，这进一步决定了债务成本。债权人对资金需求方的风险感知很大程度上决定了银行贷款成本（潘爱玲等，2019）。第五章的研究结果已经证明，地方国有企业债券违约发生后，经由同一实际控制人的风险溢出效应真实存在，那么受到国企债券违约风险冲击的公司的债权人的风险预期是否会增加，而这一预期是否会反映到公司的银行贷款成本上呢？

现有关于公司银行贷款成本影响因素的文献可以归结为两脉，一脉为根据詹森和梅克林（Jensen and Meckling，1976）的经典的委托代理框架，债权人面临因股东和经理人对其利益损害造成的代理问题，当公司的代理成本越高时，公司的银行贷款成本越高（Boubakri and Ghouma，2010；陈汉文和周中胜，2014；王运通和姜付秀，2017）。另一脉则沿袭伊斯利和奥哈拉（2004）提出的信息风险理论，认为债务人向外界传递出的风险信号，容易引发债权人对其偿还能力的担忧。基于这一理论，有学者认为国有产权、政治关联、政府补助等信息可以作为识别公司风险的信号，能够缓解公司和银行之间的信息不对称，降低融资成本（申香华，2014）。

基于上述文献分析，在本章的研究场景中，发生国企债券违约的由地方国资委控制的其他公司（"关联公司"）可能具有两种类型的风险特征：一类为受到债券违约溢出效应的影响后，关联公司向外界传递出其背后依赖的地方政府隐性担保作用下降的风险信号，债权人的感知风险增加；另一类则为该关联公司真实具有与发生债券违约主体相似的风险特征，也面临着较为严重的代理问题或者经营风险，此时债权人收回本息承诺的不确定性增加，实质风险也会增加。但需要注意的是，银行信贷决策是一个复杂的博弈过程（毛锦和蔡淑琴，2006）。一方面，银行对关联公司的风险预期增加后，期望索要更高的贷款利率以弥补相应的风险；另一方面，我国商业银行受到地方政府干预的程度较为严重，这使得银行在提升风险预期后可能无法及时将其反映到贷款定价过程中。

基于此，本章基于2014～2020年国资委控制的A股非金融类上市公司数据，通过双重差分模型实证检验发现：首先，地方国企债券违约事件的渐进发生，使得同一控制人下的其他国企（"关联公司"）的银行贷款成本显著上升，这一结果满足平衡趋势检验，变换被解释变量、考虑不同的控制组依然稳健。其次，上述效应在债券违约事件所处地区的市场化程度越低、债券违约规模越大时越强，但违约债券的信用评级是否起到提前预警作用对上述效应没有显著影响。再次，当受到债券违约负面冲击公司的信用风险和经营风险越高时，银行贷款成本增幅也会更大。最后，当公司所处的行业竞争度越低或地方政策优惠越多时，与地方政府信用联系越紧密，债券违约溢出效应对银行贷款成本增幅也会上升。在进一步检验中，通过使用 A 股上市公司的信用债发行数据发现，关联公司的债券发行成本也会显著上升。另外，本章发现国企债券违约的风险溢出效应并未导致关联公司的银行贷款规模显著缩减。这意味着国企债券违约事件的确引发了银行对其他国企偿债能力的担忧，且主要通过提高银行贷款成本来寻求风险补偿，而非降低信贷规模。

本章的研究贡献如下：

第一，本章扩展了银行贷款成本影响因素的研究。以往文献主要从融资需求侧出发，集中探讨了公司治理特征、信息质量、产权性质等自身特征发生变化对于公司银行贷款成本的影响（Boubakri and Ghouma，2010；陈汉文和周中胜，2014；申香华，2014；王运通和姜付秀，2017）。本章从融资供给侧出发，借助债券刚性兑付打破事件，考察信用风险环境发生变化后债权人的信贷决策在贷款成本中的作用。

第二，本章丰富了国有企业债券违约风险溢出效应的经济后果检验。以往研究通过区域层面或行业层面发现了国企债券违约风险溢出效应对关联公司债券一级市场上的发行成本或债券二级市场的债券收益，或者对投资效率的影响（王叙果等，2019；蔡庆丰和吴奇艳，2022；Jin et al.，2022），本章检验了国企债券通过同一实际控制的人传染路径，发现受到违约风险溢出效应公司的银行贷款成本显著增加，但是银行贷款规模却未发生显著变化。

第三，从现实意义上看，本章的结果表明地方国有企业债券违约风险的释放，使得国有企业贷款成本更贴近市场化定价机制，推进信贷市场的竞争中性。同时，鉴于我国金融体系中地方政府、商业银行以及国有企业之间存在着的天然联系，本章的结果意味着地方政府隐性担保被完全打破是一个长期过程。

本章整体的研究框架如图 6 - 1 所示。

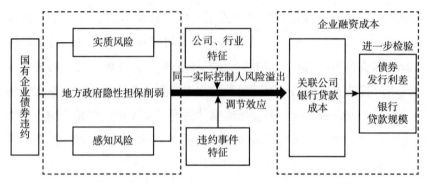

图 6 - 1　地方国企债券违约风险溢出与融资成本的研究框架

第二节　研 究 假 设

地方国有债券违约风险溢出后，债券持有者会索要更高的风险报酬率，此时同一地区其他公司的债券发行成本会上升（杨璐和方静，2021）。鉴于我国金融体系以银行信贷为代表的间接融资为主，商业银行是公司的重要债权人之一，债券契约的缔结基础是债务人的履约能力。第五章的实证检验结果表明，当国有企业发生违约后，会通过实质风险和预期风险，通过资金流、业务流、信息外部性等蔓延至同一实际控制人控制的其他未发生违约的公司，该类公司在债券市场上融资受阻，股票市场上的公司价值下降，同时收到更多的负面媒体报道。实质风险传染效应表明关联公司与发生债券违约公司相似的风险特征，关联公司的经营状况、偿债能力也较为薄弱，商业银行在进行放贷决策时会将这些因素考虑在内，从而索要更高的风险报酬。更为重要的是，国有企业债券违约意味着该地区地方政府隐性担保的作用逐渐受到影响，政府为地方国企的融资活动进行"兜底"的作用在逐渐失效，这会极大地改变债权人的风险预期。由于政府隐性担保的存在，国有企业的融资成本要远低于民营企业，那么在地方政府隐性担保预期受到影响后，商业银行对国企申请的银行贷款进行定价时，对地方政府隐性担保这一因素的依赖比重会下降，而市场化机制在资产定价时起到的作用上升，因此关联公司的银行贷款成本可能会上升。

另外，由于我国商业银行体系与地方政府息息相关，尤其是城市商业银行、农村商业银行等地方银行，其本身是在地方信用合作社的基础上吸收地方财政资金组建成的，受到较大地方政府的干预，在某种程度上地方政府对该类地方银行具有绝对的掌控权。与之对应的，城商行等地方银行是地方政府在进行地方经济发展、加强基础设施建设的重要资金来源，也是地方国有企业获取银行贷款的主要资金来源。那么，即使国有企业债券违约已经暴露了自身的风险状况，商业银行在地方政府的干预下也可能不会提升对关联企业的银行贷款成本。但是，何德旭等（2022）认为商业银行在股份制改革后已逐步成为自负盈亏、自担风险的独立经营个体，在绝大多数情况下与国有企业存在不同的利益诉求。基于此，本章提出假设：

假设1：地方国有企业债券发生违约后，相较于未受到债券溢出效应的国企，受到风险溢出效应国企的银行贷款成本显著提升。

第三节　研究设计

一、样本选取与数据筛选

本部分以2014~2020年A股地方国资委控制的上市公司为研究样本，探究以地方国资委为实际控制人的国企（简称为"地方国企"）发生债券违约后，其他被该地方国资委控制的上市公司（简称为"关联公司"）的银行贷款成本和规模是否发生变化。首先，通过 Wind 数据搜集债券违约公告，确认涉事地方国资委控制的国企首次发生债券违约的日期，具体见表 5 - 1；其次，通过阅读上市公司财务报表，结合 CS-MAR 数据库、同花顺 ifind 等数据库，确认上市公司的最终实际控制人是否为地方国资委，构建地方国资委控制数据库；最后，将上市公司按照违约债券与对应的地方国资委和违约日期相匹配。模型中的银行贷款成本数据来自公司财务报表附注，债券发行利差数据获取自 Wind 数据库，其他控制变量均来自 CSMAR 数据库。

样本筛选过程如下：先基于 2014 ~ 2020 年 A 股地方国资委控制的上市公司为初始样本，初始样本为 3437 个，剔除发生债券违约的上市公司样本 19 个，剔除 ST 样本及金融行业样本 109 个，进一步剔除关键变量及控制变量缺失值，最终剩余年度—公司样本 2430 个，对应着 524 个由地方国资委控制的上市公司。本书对所有连续变量均进行上下 1% 的缩尾处理。

二、变量定义与模型设定

（一）被解释变量

银行贷款是公司正式融资的主要方式，然而由于银行贷款利率为公司和对应银行的私有信息，现有数据库中有关中国上市公司银行的贷款信息并不完全。例如，超过 80% 的银行贷款并未标识具体的贷款利率。为此，借鉴已有文献卡尔等（Cull et al.，2009）、刘行等（2017）、张伟华等（2018）的做法，本章采用两种方式衡量公司从银行获取贷款的成本。第一，构建指标净财务费用与有息负债比重（Cost），其中，有息负债为该公司短期借款、长期借款及一年内到期长期借款的总和。第二，采用公司该年利息支出与有息负债的比重指标（Cost2）作为稳健性检验。

（二）解释变量

为衡量债券违约事件导致的由国资委控制的其他上市公司渐次受到冲击，本章构建指标 *Treatpost*，当某一由地方国资委控制的公司首次发生债券违约后，则将该国资委对应的上市公司所在的年份及以后年份记为 1，否则记为 0。该指标具体构建过程是首先识别地方国资委债券首次出现债券违约的时间，其次将所有与违约债券同属相同地方国资委的上市公司标记相应的事件期，最后将所有处于事件期及事件期以后年度记为 1，其他记为 0。在事件发生时，该公司必须已经上市，否则将不受到该事件的影响。

（三）控制变量

本书借鉴姜付秀和陆正飞（2006）、张伟华等（2018）的研究选择了以下控制变量，包括公司的财务特征，如公司规模（*Lnasset*）、杠杆率（*LEV*）、速动比率（*Quick*）、资产收益率（*ROA*）；公司成长性，如营业收入增长率（*Growth*）、市值账面比（*MB*）；公司的治理结构，如第一大股东持股（*LargestHolder*）、独立董事占比（*Outsiders*）、两职合一（*Duality*）。另外，本书还控制了公司本身的信息披露环境，如是否属于四大会计师事务所（*Big*4）、审计意见是否为非标意见（*MAO*）、股票换手率（*Turnover*）。考虑到不同年份公司的银行贷款成本存在系统性差异，且公司所在省份的宏观特征也会影响公司的银行贷款情况，模型中控制了年份和公司的固定效应。模型中变量的具体定义如表 6－1所示。

表 6－1　　　　　　　　　　　　　变量定义

变量	定义
Cost	净财务费用/(短期借款、长期借款及一年内到期长期借款)，净财务费用为利息支出、手续费支出等财务费用的总和

续表

变量	定义
Cost 2	利息支出/（短期借款、长期借款及一年内到期长期借款）
Treatpost	当某一地方国资委控制公司首次发生债券违约后，则该国资委对应的上市公司所在的年份及以后年份记为1，否则记为0
Lnasset	公司规模，公司年末资产取对数
ROA	公司资产收益率，公司净利润与总资产之比
LEV	负债率，公司总负债与总资产之比
Quick	速动比率，流动资产与流动负债之比
Growth	成长性，营业收入增长比率
Outsiders	独立董事占比，独立董事人数与公司董事人数之比
LargestHolder	第一大股东持股占比，第一大股东持有股本占公司流通股比例
MAO	会计信息质量，若审计意见为非标意见则取1，否则取0
Duality	两职合一，若公司总经理和董事长为一人则记为1，否则记为0
MB	市净率，市值与净资产之比
Big 4	若公司的会计师事务所按年营业收入排名前四，则记为1，否则为0
Turnover	公司股票换手率，年股票成交量与流通股总数之比

（四）模型设定

由于地方国资委控制公司的债券违约为渐进发生，因此债券违约事件对于关联公司具有较强外生性，本章使用渐进双重差分的估计方法（stagger difference-in-difference）检验假设1。构建模型（6.1）用以检验债券违约和关联公司的银行贷款成本之间的关系：

$$Cost = \beta_0 + \beta_1 Treatpost + \sum ControlVariables$$

$$+ \sum Year + \sum Firm + \varepsilon_{i,t} \tag{6.1}$$

其中：被解释变量 *Cost* 为公司的银行贷款成本，解释变量 *Treatpost* 指某一地方国资委控制公司首次发生债券违约后，其他被该地方国资委控制公司当年及以后年度记为 1，否则记为 0。模型中同时控制了年份和公司的固定效应，故代表实验组变量及代表事件冲击的时间变量估计系数均被吸收。β_1 为我们感兴趣的待估系数，代表在控制其他不变因素后，相对于未受到地方政府信用冲击的公司，受到冲击公司银行贷款成本的变化。模型采用了聚类在公司层面的稳健标准误。

需要注意的是，虽然债券违约事件的渐进发生具有较强外生性，但是通过国资委控制形成的关联关系并不完全随机。当该地国资委控制的债券发生违约后，表明该省份政府隐性担保被逐渐打破，这可能由于该省份政府财政处于紧张状态，也可能是该省份政府在推行探索债券违约市场化机制，那么由该地国资委控制的其他公司个体本身的某些固有特征，如经营风格、股权结构等可能也与之相似。因此，选取合适的控制组有助于缓解这一内生问题，更为干净地观察地方政府隐性担保受到影响后，关联公司的银行贷款成本的变化。

本章采用了三种方法构建这一事件的控制组。第一，本章在未受到债券违约事件冲击的国资委控制的上市公司中选取同一年份公司规模（Lnasset）和盈利能力（ROA）更为相近的公司作为控制组。第二，本章选取受到债券违约事件冲击省份国资委的邻近省份但未受到债券违约事件影响的国资委控制的上市公司作为控制组。第三，本章也选取了受到债券违约冲击的该省份以及其他未受到冲击省份的所有国企作为控制组。由于第一种方法可以更为准确地构建控制组，调整由实验组和控制组之间可观察特征引起的样本选择偏误问题，本章主要回归结果基于第一种方法，并使用其他两种方法作为稳健性检验。

三、描述性统计

表 6 - 2 PanelA 为样本中随年受到债券违约影响国资委控制上市公司（Treat）的比例，可以发现平均约有 33.33% 的公司为实验组，分布较为均匀。Panel B 中展示了受到债券违约影响公司（"关联公司"）与

其他公司财务特征的单变量检验结果，可以发现关联公司的负债率更高、盈利能力更差、偿债能力更弱，两者具有较为明显的差异。

表 6 – 2 样本分布及描述性统计

Panel A 实验组分布情况

年份	Treat = 0	Treat = 1	Treatguoziwei（%）
2014	218	112	33.94
2015	201	112	35.78
2016	210	108	33.96
2017	228	113	33.14
2018	236	119	33.52
2019	257	124	32.55
2020	270	122	31.12
Total	1620	810	33.33

Panel B 有无被债券违约影响公司特征描述性统计

变量	Treat = 0		Treat = 1		MeanDiff
	N	Mean	N	Mean	
Lnasset	1620	23.109	810	23.159	0.050
LEV	1620	0.553	810	0.578	0.025***
ROA	1620	0.020	810	0.013	−0.007***
Quick	1620	0.929	810	0.842	−0.087***
Growth	1620	0.123	810	0.100	−0.024
Outsiders	1620	0.372	810	0.376	0.003
Duality	1620	0.083	810	0.101	0.018
LargestHolder	1620	0.391	810	0.380	−0.011*
MB	1620	1.496	810	1.574	0.078**
Big4	1620	0.073	810	0.105	0.031***
MAO	1620	0.02	810	0.032	0.012*
Turnover	1620	4.413	810	4.188	0.225

为了缓解两者财务特征差异对模型估计结果的影响，本章首先对样本进行匹配，使用广义精确匹配法（coarsened exact matching），以公司规模（Lnasset）和盈利能力（ROA）作为匹配变量，并在同年份中未被债券违约事件影响的样本中构造匹配样本。相较于常用的倾向得分匹配方法，广义精确匹配法可以通过控制观测数据中的混杂因素对债券违约结果的影响，增强协变量在实验组与控制组之间的可比性。为了满足共同支撑假设和平衡性假设，实验组中的 112 个样本被剔除。表 6 - 3 Panel A 汇报了匹配后公司特征变量的单变量检验结果，可以发现匹配后未被债券违约影响和被债券违约影响的公司资产规模、负债率、盈利能力、偿债能力、成长性特征之间不具有显著差异。Panel B 展示了匹配后样本的描述性统计结果。变量 *TreatPost* 的平均值为 0.415，表明在匹配后的样本中约有 40% 的样本受到了债券违约事件的冲击。银行贷款利率变量 *Cost* 的平均值为 0.067，标准差为 0.091，略低于已有文献（张伟华等，2018）的研究结果。另外，公司规模的平均值为 23.21，资产负债率为 0.573，盈利能力的平均值为 0.015，速动比率的平均值为 0.865。由于匹配后的样本均为国资委控股的风险较高公司，故公司规模、资产负债率的平均值要略高于常规样本的统计情况，而银行贷款成本、总资产净利率、速动比率的平均值要略低。

表 6 - 3　　　　　　　　　　　　匹配后样本描述性统计

变量	Panel A 有无被债券违约影响公司特征描述性统计				
	Treatguoziwei = 0		Treatguoziwei = 1		MeanDiff
	N	Mean	N	Mean	
Lnasset	518	23.209	698	23.216	0.007
LEV	518	0.574	698	0.573	0.002
ROA	518	0.015	698	0.014	0
Quick	518	0.862	698	0.867	0.004
Growth	518	0.135	698	0.111	- 0.024

Panel A 有无被债券违约影响公司特征描述性统计					
变量	Treatguoziwei = 0		Treatguoziwei = 1		MeanDiff
	N	Mean	N	Mean	
Outsiders	518	0.378	698	0.377	−0.001
Duality	518	0.062	698	0.089	0.027
LargestHolder	518	0.393	698	0.38	0.013
MB	518	1.511	698	1.528	−0.017
*Big*4	518	0.068	698	0.100	−0.032 *
MAO	518	0.021	698	0.026	0.005
Turnover	518	0.021	698	0.026	−0.005

Panel B 匹配后样本描述性统计

变量	N	mean	sd	min	p25	p50	p75	max
Treatpost	1216	0.415	0.492	0	0	0	1	1
Cost	1216	0.067	0.091	0.002	0.032	0.049	0.071	1.060
Cost2	1213	0.074	0.085	0.009	0.042	0.055	0.077	0.911
Lnasset	1216	23.210	1.321	20.030	22.110	23.270	24.230	26.440
LEV	1216	0.573	0.180	0.109	0.442	0.583	0.699	0.934
ROA	1216	0.015	0.058	−0.388	0.006	0.020	0.038	0.164
Quick	1216	0.865	0.609	0.165	0.490	0.728	1.047	5.954
Growth	1216	0.121	0.438	−0.626	−0.065	0.062	0.189	2.951
Outsiders	1216	0.377	0.058	0.333	0.333	0.364	0.417	0.571
Duality	1216	0.084	0.277	0	0	0	0	1
LargestHolder	1216	0.385	0.145	0.091	0.278	0.362	0.495	0.731
Ratecover	1216	11.700	47.440	−52.090	1.634	3.518	8.345	543.3
MB	1216	1.521	0.926	0.834	1.023	1.210	1.630	8.374
*Big*4	1216	0.0910	0.288	0	0	0	0	1
Turnover	1216	4.293	3.509	0.434	1.799	3.265	5.759	22.523

第四节　实证结果与分析

一、债券违约与关联公司银行贷款成本

表 6 - 4 展示了假设 1 的检验结果，其中列（1）没有加入控制变量，仅控制了公司和年份固定效应，列（2）进一步加入了控制变量。解释变量 *Treatpost* 均在 5% 水平上显著为正，其中列（2）的系数为 0.033，边际效应为 0.034，表明相较于未受到债券违约影响下地方政府信用冲击的公司，受到冲击的关联公司在事后银行贷款成本增加 3.4%。进一步按照银行贷款成本定义折算，即债券违约冲击下关联公司增加年度利息支出平均约为 2397 万元，这表明其经济意义是显著的。回归结果表明，当公司所属的地方政府隐性担保受到影响后，公司的银行贷款成本显著增加，验证了本章的假设 1。

表 6 - 4　　　　　　债券违约事件与关联公司银行贷款成本

变量	（1） *Cost*	（2） *Cost*
Treatpost	0.035 ** （2.566）	0.033 ** （2.278）
L*nasset*		- 0.013 （- 0.836）
LEV		0.033 （0.483）
ROA		- 0.004 （- 0.071）

续表

变量	(1) Cost	(2) Cost
Quick		0.043 (1.482)
Growth		−0.001 (−0.169)
Outsiders		−0.051 (−0.959)
Duality		−0.012 (−0.766)
LargestHolderRate		−0.033 (−0.458)
MB		−0.001 (−0.080)
Big4		−0.012 (−0.834)
MAO		0.016 (1.133)
Turnover		0.001 (1.251)
_cons	0.073 *** (13.692)	0.340 (0.965)
N	1216	1216
Firm FE	YES	YES
Year FE	YES	YES
Adjusted R^2	0.515	0.531

注：①括号内 t 值为采用聚类在公司层面的稳健标准误；② *** 、** 和 * 分别表示在 1% 、5% 和 10% 水平上显著。下表同。

二、平行趋势检验

本部分进行了渐进双重差分模型的平行趋势检验，即观测到实验组和对照组的差异是由事件冲击所导致的而非其他因素导致。

首先，我们生成了事件期间变量 $Event$，$Event$ 的取值分别为 -5、-4、-3、-2、-1、0、1、2、3、4、5，表示不同公司该年度和其控制人首次债券违约年度的间隔。其次，我们根据事件期间变量 $Event$ 生成一系列虚拟变量 Pre_i、$Current$ 和 Pos_i。定义变量的过程可参照第五章场景三部分。具体而言，当该年度处于事件冲击前第 i 期且为实验组时，Pre_i 取 1，否则取 0；当该年度为债券违约冲击当期且为实验组时，$Current$ 取值为 1，否则为 0；同样，当该年度处于债券违约冲击后第 i 期且为实验组时，Pos_i 取值为 1，否则为 0。最后，我们选取 Pre_1 为基期，并将这一系列虚拟变量作为解释变量加入模型（6.1），则这系列虚拟变量的估计系数表示距离债券违约事件冲击不同期间，实验组和对照组间银行贷款成本的差异，估计系数的显著性表示实验组和对照组的差异是否显著。如果变量 Pre_i 的系数不显著且变量 $Current$ 和 Pos_i 的系数显著，则表明实验组和对照组的银行贷款成本差异确实是由债券违约冲击下地方政府隐性担保受到影响所导致。

图 6-2 展示了平行趋势检验结果，从中可以看出受到债券违约冲击前实验组和对照组并不存在显著差异，或者实验组的银行贷款成本显著低于对照组。但是，当公司所在区域的地方政府隐性担保受到影响后，其银行贷款成本显著高于未受到冲击的公司，表明主检验模型满足平行趋势检验。

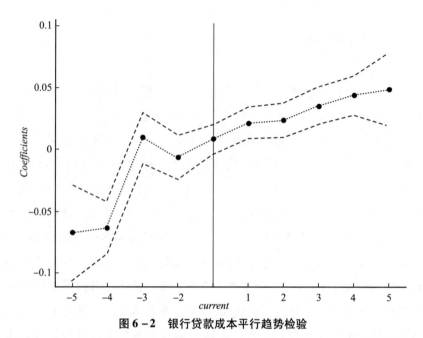

图 6 - 2　银行贷款成本平行趋势检验

注：图 6 - 2 为将表 6 - 4 中 *Treatpost* 变量替换为一系列虚拟变量的回归结果，纵坐标为这一系列虚拟变量的回归系数，横坐标为距离债券违约公告日的期间。图 6 - 2 中带点线为虚拟变量的回归系数，两条长虚线代表该回归系数 90% 的置信区间。

三、债券违约事件特征与关联公司银行贷款成本

鉴于本部分使用地方国资委控制的债券发行人债券违约事件表征该地区的政府隐性担保逐渐被打破，那么债券违约事件本身的特征可能会影响到关联公司受到负面冲击的强度。这部分考虑了债券违约发行人对应的地方国资委所在地区的市场化程度对主回归结果的影响。参考第五章的变量构建方法，设置变量 *Low_Mindex*，若该省份债券违约年度的市场化指数处于全国市场化指数中值以下，则变量 *Low_Mindex* 取值为 1，否则取值为 0。基于变量 *Low_Mindex*，本章对主回归结果进行分组检验，结果如表 6 - 5 所示。

表 6 – 5　　债券违约地区市场化程度与关联公司银行贷款成本

变量	(1) Cost 低市场化程度	(2) Cost 高市场化程度
Treatpost	0.080 *** (2.747)	− 0.011 (− 0.804)
Lnasset	− 0.025 (− 1.028)	0.001 (0.073)
LEV	0.122 ** (2.014)	− 0.021 (− 0.215)
ROA	0.049 (0.546)	− 0.017 (− 0.184)
Quick	0.046 ** (2.428)	0.045 (1.023)
Growth	− 0.005 (− 1.103)	0.001 (0.134)
Outsiders	− 0.044 (− 0.641)	− 0.060 (− 0.666)
Duality	− 0.030 (− 1.137)	0.005 (0.412)
LargestHolderRate	− 0.081 (− 0.660)	0.045 (0.720)
MB	− 0.014 (− 1.167)	0.018 (0.859)
MAO	0.011 (0.463)	0.014 (0.761)
Turnover	0.002 (1.013)	0.001 (0.503)
_cons	0.605 (1.068)	− 0.020 (− 0.048)

续表

变量	(1) Cost 低市场化程度	(2) Cost 高市场化程度
N	571	645
Firm FE	YES	YES
Year FE	YES	YES
Adjusted R^2	0.612	0.476
经验 p 值	p = 0.010 **	

注：经验 p 值用于检验组间变量 Treatpost 系数差异的显著性，通过自体抽样（Boostrap）500 次得到。下表同。

列（1）核心变量 Treatpost 的回归系数在低市场化程度组在 1% 水平上显著为正，列（2）中的 Treatpost 变量在高市场化程度组的回归系数为负但不显著。同时，自体抽样估计的经验 p 值也表明变量 Treatpost 的估计系数在不同组间存在显著差异。回归结果表明，当地方国资委所处的市场化程度越低时，政府隐性担保受到影响的负面冲击增加关联公司的银行贷款成本程度越显著。

表 6-6 进一步考虑了债券违约事件规模对关联公司银行贷款成本的影响。构建指标 High_Default，当债券违约事件中的单只债券违约规模高于均值时，则变量 High_Default 记为 1，否则记为 0。表 6-6 中的列（1）和列（2）报告了基于债券违约规模的分组回归结果。列（1）为高债券违约规模组的回归结果，Treatpost 变量的回归系数在 5% 水平上显著为正，列（2）为低债券违约规模组的回归结果，Treatpost 变量的回归系数虽然为正但不显著。另外，自体抽样估计的经验 p 值也表明变量 Treatpost 的估计系数在高债券违约规模组和低债券违约规模组间存在显著差异。回归结果表明，相较于规模小的债券违约事件，债券违约规模大的事件下关联公司受到波及的程度更高，同时银行贷款成本增幅更显著。

表 6 - 6 债券违约规模与关联公司银行贷款成本

变量	(1) Cost 高债券违约规模	(2) Cost 低债券违约规模
Treatpost	0. 040 ** (2. 258)	0. 015 (0. 610)
Lnasset	- 0. 018 (- 0. 705)	- 0. 011 (- 0. 661)
LEV	- 0. 040 (- 0. 308)	0. 088 (1. 245)
ROA	- 0. 003 (- 0. 032)	- 0. 033 (- 0. 361)
Quick	0. 028 (0. 782)	0. 059 (1. 319)
Growth	- 0. 003 (- 0. 595)	0. 005 (0. 949)
Outsiders	- 0. 078 (- 1. 297)	0. 016 (0. 199)
Duality	- 0. 030 (- 1. 129)	0. 012 (1. 064)
LargestHolderRate	- 0. 070 (- 0. 529)	- 0. 006 (- 0. 130)
MB	0. 003 (0. 160)	- 0. 005 (- 0. 828)
MAO	0. 018 (0. 791)	0. 015 (0. 773)
Turnover	0. 002 (0. 989)	0. 001 (0. 647)
_cons	0. 527 (0. 893)	0. 235 (0. 638)

续表

变量	(1) Cost 高债券违约规模	(2) Cost 低债券违约规模
N	585	631
Firm FE	YES	YES
Year FE	YES	YES
Adjusted R^2	0.553	0.505
经验 p 值		p = 0.091*

另外，当公司利益相关者可以通过更多信息渠道了解债券违约的发行主体信用资质时，会提前产生心理预期，那么当债券违约事件发生时，其引发的传染效应可能会降低。据此，这部分考虑了债券违约主体信用评级的作用。若违约发生前评级机构有及时下调债券的信用评级，则起到了一定的事前预警作用，此时关联公司受到的负面冲击应该更小。通过上述分析构建 Treat_False 指标，当债券违约前发行人主体信用评级与其发行时的主体信用评级没有差别时，即违约前并未下调评级，则指标 Treat_False 记为 1；若在债券违约发生前发行人主体信用评级下调则记为 0。表 6 - 7 中的列（1）和列（2）报告了基于发行人主体信用评级在违约前是否下调的分组回归结果。

表 6 - 7　　　　　债券信用评级预警与关联公司银行贷款成本

变量	(1) Cost 主体评级未调低	(2) Cost 主体评级调低
Treatpost	0.036** (2.041)	0.034 (1.377)
Lnasset	-0.002 (-0.165)	-0.022 (-0.952)

变量	(1) *Cost* 主体评级未调低	(2) *Cost* 主体评级调低
LEV	0.015 (0.385)	0.077 (0.633)
ROA	−0.095 (−1.587)	0.104 (0.979)
Quick	0.015 (0.824)	0.059 (1.412)
Growth	0.002 (0.574)	−0.004 (−0.558)
Outsiders	−0.040 (−0.689)	−0.116 (−1.287)
Duality	−0.009 (−1.216)	−0.011 (−0.479)
LargestHolderRate	0.058 (1.270)	−0.120 (−1.046)
MB	−0.005 (−1.076)	0.000 (0.018)
*Big*4	0.025** (2.588)	−0.012 (−0.728)
MAO	0.004 (0.339)	0.037 (1.578)
Turnover	0.001 (1.432)	0.002 (0.944)
_cons	0.108 (0.297)	0.551 (1.051)
N	527	689

变量	(1) *Cost* 主体评级未调低	(2) *Cost* 主体评级调低
Firm FE	YES	YES
Year FE	YES	YES
Adjusted R²	0. 651	0. 491
经验 p 值	p = 0. 110	

注：经验 p 值用于检验组间变量 *Treatpost* 系数差异的显著性，通过自体抽样（Boostrap）500 次得到。下表同。

列（1）为主体评级未调低组的回归结果，*Treatpost* 变量的回归系数在 5% 水平上显著为正，列（2）为主体评级调低组的回归结果，*Treatpost* 变量的回归系数虽然为正但不显著。另外，自体抽样估计的经验 p 值为 0. 110，表明变量 *Treatpost* 的估计系数在两组之间差异并不显著。本书认为这可能是因为地方政府隐性担保引发的债券刚兑信仰根深蒂固，削弱了主体信用评级的信息含量。因此，无论信用评级有无起到违约前的预警作用，市场参与者均未预期到国企债券违约事件的发生。这也与实际情况相符，中国债券市场普遍存在评级膨胀现象，比如永煤债（012000356. IB）在发生债券违约前一个月的主体信用评级依然为 AAA 级。整体回归结果表明，债券违约发生前主体信用评级的预警作用对关联公司银行贷款成本上升幅度不具有显著影响。

四、公司特征与关联公司银行贷款成本

前面从债券违约事件特征的角度出发，分析了违约债券差异引发的关联公司银行贷款成本增幅的不同。本部分从关联公司特征出发，探究债券违约负面冲击下，关联公司特征如何影响其银行贷款成本的变化。由于公司银行贷款成本主要决定因素为公司的信用风险以及公司偿还贷

款的概率，因此本书分别从公司的信用风险和经营风险两个角度考虑公司风险特征对关联公司银行贷款成本的影响。本书使用公司的破产风险指数（$Zscore$）区分公司信用风险的高低。当公司的破产风险增加时，债权人从公司收回本息的不确定性增大，债权人寻求额外的风险报酬补偿。当关联公司受到债券违约的负面冲击后，债权人的风险预期进一步加剧，那么关联公司破产风险越高时，公司的银行贷款成本增加幅度越大。公司破产风险指数（$Zscore$）数据来源于 Wind 数据库。另外，公司的经营风险决定公司的偿债能力，本书使用公司盈利的波动水平来衡量公司经营风险。借鉴余明桂等（2013）、张吉鹏等（2021）的研究，先计算经过行业调整的公司盈利水平，使用公司息税前利润与总资产的比值，再减去该指标的行业均值，增加指标的行业可比性。进一步，按照三年为观测期滚动计算行业调整后盈余的标准差，构建变量 $Risk$。

表 6－8 的列（1）和列（2）为按照行业年度破产风险指数均值进行分组的回归结果。列（1）为破产风险高组的回归结果，$Treatpost$ 变量的回归系数在 5% 水平上显著为正，列（2）为破产风险低组的回归结果，$Treatpost$ 变量的回归系数为负且不显著。同时，自体抽样估计的经验 p 值（p＝0.084）也表明变量 $Treatpost$ 的回归系数在不同组间存在显著差异。

表 6－8　　债券违约、关联公司风险与公司银行贷款成本

变量	(1) Cost 破产风险高	(2) Cost 破产风险低	(3) Cost 经营风险高	(4) Cost 经营风险低
$Treatpost$	0.039 ** (2.334)	−0.013 (−0.261)	0.046 ** (1.973)	−0.001 (−0.017)
$Lnasset$	−0.015 (−1.190)	−0.000 (−0.003)	−0.005 (−0.337)	−0.067 (−1.196)
LEV	0.070 * (1.763)	−0.343 (−0.832)	0.048 (0.846)	−0.034 (−0.277)

续表

变量	(1) Cost 破产风险高	(2) Cost 破产风险低	(3) Cost 经营风险高	(4) Cost 经营风险低
ROA	−0.047 (−0.985)	0.326 (0.714)	0.018 (0.116)	0.160 (1.244)
Quick	0.019 (1.556)	0.028 (0.317)	0.011 (0.712)	−0.063 (−0.933)
Growth	0.000 (0.034)	0.020 (1.107)	0.002 (0.453)	−0.002 (−0.256)
Outsiders	−0.006 (−0.158)	−0.381 (−0.972)	−0.045 (−0.947)	0.106 (0.747)
Duality	0.002 (0.280)	−0.097 (−0.993)	0.004 (0.483)	−0.104 (−1.196)
LargestHolderRate	−0.048 (−0.674)	0.225 (0.316)	0.043 (0.894)	−0.186 (−0.839)
MB	−0.005 (−0.836)	−0.001 (−0.045)	−0.001 (−0.216)	−0.034 (−1.189)
Big4	−0.002 (−0.132)	−0.029 (−0.356)	0.010 (1.365)	−0.082 (−1.462)
MAO	−0.003 (−0.339)	0.208 * (1.726)	0.012 (1.135)	0.024 (0.953)
Turnover	−0.000 (−0.356)	0.005 (0.721)	0.001 (1.075)	0.003 (0.619)
_cons	0.398 (1.311)	0.220 (0.094)	0.128 (0.381)	1.766 (1.363)
N	978	238	810	406
Firm FE	YES	YES	YES	YES
Year FE	YES	YES	YES	YES
Adjusted R^2	0.685	0.338	0.682	0.538
经验 p 值	p = 0.084		p = 0.030	

表6-8的列（3）和列（4）为按照行业年度经营风险均值进行分组的回归结果。列（3）为经营风险高组的回归结果，*Treatpost* 变量的回归系数在5%水平上显著为正，列（4）为经营风险低组的回归结果，*Treatpost* 变量的回归系数为负且不显著。另外，根据自体抽样估计的经验 p 值（p = 0.030）也表明变量 *Treatpost* 的估计系数在公司不同经营风险组间存在显著差异。

表6-8的整体结果表明，当关联公司自身信用风险和经营风险越高时，其受到债券违约事件负面冲击的效应更强，自身风险与负面溢出效应叠加，使得关联公司的银行贷款成本显著增加。

五、行业特征与关联公司银行贷款成本

本部分从行业特征出发，探究债券违约负面冲击下，关联公司所处的行业特征如何影响其银行贷款成本的变化。当企业所处的行业产品同质化程度高、受到政策优惠过多时易出现产能过剩矛盾（赵昌文等，2015），通常这类企业也对地方政府的依赖程度过高，那么地方国有企业债券违约削弱了地方政府隐性担保作用，此类企业受到的负面冲击也会更强，银行贷款成本可能上升幅度更大。首先，本书使用公司的赫芬达尔—赫希曼指数衡量企业所处行业的竞争情况，构建指标 *HHI5*，该指标主要为行业内前五名企业营业收入总额占行业总收入百分比的平方和，当赫芬达尔—赫希曼指数越大时，表明行业垄断程度越高。其次，本书使用公司财务报表附注中政府补助与公司总资产的比，构建指标 *Subsidy*，表征公司受到的政策优惠，同时计算不同行业不同年份收到政府补助的总和，以判断公司是否处于高政策优惠行业。

表6-9的列（1）和列（2）为按照行业竞争度均值进行分组的回归结果。列（1）为行业竞争度较低组的回归结果，*Treatpost* 变量的回归系数在5%水平上显著为正，列（2）为公司所处的行业为竞争性较强组的回归结果，*Treatpost* 变量的回归系数为负且不显著。同时，自体

抽样估计的经验 p 值（p = 0.050）表明变量 *Treatpost* 的回归系数在不同组间存在显著差异。列（3）和列（4）为根据公司是否属于政策优惠行业进行分组的回归结果，当公司处于高政策优惠行业时，*Treatpost* 变量的回归系数显著为正，但在低政策优惠行业国企债券违约风险溢出效应对银行贷款成本的影响不显著。整体而言，表 6 - 9 的回归结果表明，当公司所处的行业与地方政府信用联系越紧密，那么在国企债券违约发生后，受到的负面冲击越大，银行贷款成本上升幅度越大。

表 6 - 9　　　　　　　债券违约、行业竞争与公司银行贷款成本

变量	(1) Cost 低竞争性行业	(2) Cost 高竞争性行业	(3) Cost 低政策优惠行业	(4) Cost 高政策优惠行业
Treatpost	0.054 ** (2.271)	− 0.010 (− 0.340)	0.032 (1.527)	0.044 ** (2.075)
Lnasset	− 0.012 (− 0.652)	− 0.005 (− 0.161)	− 0.002 (− 0.101)	− 0.024 (− 0.934)
LEV	0.109 (1.389)	− 0.135 (− 0.742)	− 0.061 (− 0.607)	0.110 ** (2.431)
ROA	− 0.021 (− 0.226)	− 0.028 (− 0.247)	− 0.085 (− 0.734)	0.021 (0.351)
Quick	0.065 (1.559)	0.013 (0.279)	0.059 (1.339)	0.019 (1.295)
Growth	0.010 (1.589)	− 0.017 (− 1.645)	− 0.005 (− 0.891)	0.006 (1.187)
Outsiders	0.011 (0.128)	− 0.282 * (− 1.946)	− 0.103 (− 1.411)	0.010 (0.124)
Duality	− 0.029 (− 0.894)	0.005 (0.491)	0.002 (0.189)	− 0.031 (− 1.009)
LargestHolder	0.028 (0.410)	− 0.336 (− 1.099)	− 0.108 (− 0.658)	0.024 (0.418)

续表

变量	(1) Cost 低竞争性行业	(2) Cost 高竞争性行业	(3) Cost 低政策优惠行业	(4) Cost 高政策优惠行业
MB	−0.015 (−0.967)	0.038 (1.214)	0.035* (1.751)	−0.025** (−2.168)
Big4	−0.009 (−0.316)	−0.013 (−0.768)	−0.031** (−2.078)	0.003 (0.270)
MAO	0.026 (1.204)	−0.014 (−0.854)	−0.001 (−0.040)	0.035* (1.846)
Turnover	0.001 (0.484)	0.001 (0.545)	−0.001 (−0.420)	0.003 (1.511)
_cons	0.259 (0.594)	0.419 (0.560)	0.154 (0.298)	0.553 (0.944)
N	783	433	622	594
Firm FE	YES	YES	YES	YES
Year FE	YES	YES	YES	YES
Adjusted R^2	0.541	0.446	0.491	0.630
经验 p 值	p = 0.050		p = 0.380	

六、稳健性检验

由于本部分的结果基于渐进双重差分的估计方法，因此控制组的选择对于估计的准确性尤为重要。在稳健性检验中，本部分使用受到债券违约影响地方国资委邻省未发生债券违约国资委控制的上市公司为控制组。回归结果如表 6−10 的列（1）和列（2）所示。列（1）仅加入了年份公司固定效应，列（2）中进一步引入控制变量，可以发现变量 Treatpost1 的回归系数均在 5% 水平上显著为正。

表6-10　　　　　　　　　　替换控制组

变量	(1) Cost	(2) Cost	(3) Cost	(4) Cost
Treatpost1	0.026 ** (2.222)	0.026 ** (2.449)		
Treatpost2			0.013 * (1.798)	0.012 * (1.743)
Lnasset		0.005 (0.504)		-0.011 (-1.531)
LEV		-0.074 * (-1.779)		0.002 (0.052)
ROA		0.002 (0.041)		0.041 (0.705)
Quick		0.020 *** (3.167)		0.032 *** (2.971)
Growth		-0.001 (-0.212)		0.002 (0.493)
Outsiders		0.018 (0.276)		0.078 * (1.945)
Duality		-0.007 (-0.701)		-0.005 (-0.812)
LargestHolderRate		0.074 (1.368)		0.030 (0.829)
MB		0.010 ** (2.004)		0.002 (0.424)
Big4		-0.010 (-0.436)		0.019 * (1.931)
MAO		0.023 (1.275)		0.023 ** (2.050)
Turnover		-0.000 (-0.253)		-0.000 (-0.212)

续表

变量	(1) Cost	(2) Cost	(3) Cost	(4) Cost
_cons	0.087*** (11.089)	−0.058 (−0.252)	0.080*** (17.909)	0.264 (1.555)
N	1702	1702	4114	4114
Firm FE	YES	YES	YES	YES
Year FE	YES	YES	YES	YES
Adjusted R^2	0.493	0.499	0.468	0.480

同时，本部分将未发生国企债券违约所有省份的国企上市公司作为控制组。列（3）和列（4）汇报了这一结果，可以发现变量 Treatpost2 的回归系数依然显著为正。同时，观察列（1）~列（4）核心变量的回归系数可以发现，其绝对值均略低于主回归中的结果，这表明主回归中控制组的选择是更为合适的，也表明国资委控制国企和其他国企受到的债券违约风险冲击并不相同，可以更为清晰地观察到债券违约事件下，地方政府隐性担保被逐渐削弱后对公司银行贷款成本的影响。

为保证本章研究结论的稳健性，下面替换银行贷款成本衡量方式，按照利息支出与公司有息负债之比的计算方法构建指标 Cost2。表 6 – 11 的列（1）和列（2）为有无添加控制变量的回归结果，核心变量 Treatpost 的回归系数均在 10% 水平上显著为正，表明本章主检验的结果是稳健的。

表 6 – 11   替换被解释变量

变量	(1) Cost2	(2) Cost2
Treatpost	0.029* (1.854)	0.029* (1.768)
Lnasset		−0.007 (−0.499)

续表

变量	(1) Cost2	(2) Cost2
LEV		0.019 (0.340)
ROA		−0.019 (−0.298)
Quick		0.065 *** (2.711)
Growth		−0.003 (−0.704)
Outsiders		0.000 (0.007)
Duality		0.001 (0.140)
LargestHolderRate		−0.038 (−0.473)
MB		0.009 (1.202)
Big4		−0.011 (−0.522)
MAO		0.001 (0.087)
Turnover		−0.000 (−0.205)
_cons	0.085 *** (11.356)	0.174 (0.559)
N	1213	1213
Firm FE	YES	YES
Year FE	YES	YES
Adjusted R^2	0.507	0.551

为排除遗漏变量对本章估计结果的干扰，与第五章一致，本部分也对国有企业风险溢出效应与银行贷款成本的关系进行安慰剂检验。根据真实情况下实验组在样本中的占比，随机在样本中抽取相同比例公司设定为"伪实验组"，生成虚拟实验组变量 *Placebo_treat*。基于该变量，按照本章主回归模型重复回归 1000 次，并记录每次回归结果中交互项 *Placebo_treatpost* 回归系数的 t 值。图 6 - 3 展示了该交互项回归系数 t 值的概率密度分布，其中垂直虚线为本章主检验中变量 *Treatpost* 回归系数对应的 t 值。可以发现，t 值的概率密度分布近似以 0 为中心的正态分布，且抽样回归结果落在真实回归估计 t 值右侧区域的概率极低，表明本章的结果不是偶发的。

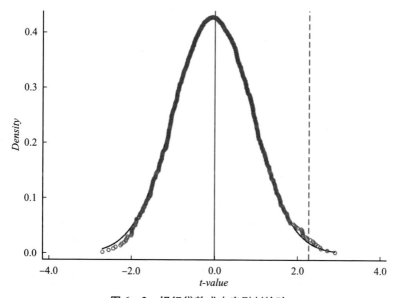

图 6 - 3　银行贷款成本安慰剂检验

　　注：曲线为通过 1000 次随机模拟产生的伪变量 *Placebo_treatpost* 估计系数 t 值的累积分布密度，纵坐标为分布的概率，横坐标单位为 δ，垂直虚线为真实回归中核心变量 *Treatpost* 回归系数的 t 值。

　　另外，本章也排除了行业关联下债券违约风险溢出效应对本章结果的干扰，通过识别每一国企债券违约事件中债券发行人所在行业，将回归样本中与发生债券违约国企同属一个行业的公司样本剔除，回归结果如表 6 - 12 所示。核心变量 *Treatpost* 的回归系数至少在 5% 水平上显著为正，另外可以发现 *Treatpost* 回归系数的绝对值要略低于主回归中的检验结果，这表明国有企业债券违约风险在行业层面上的确存在一定程度的溢出效应，但是在排除该效应后，*Treatpost* 回归系数依然显著，证明了本章结果的稳健性。

表 6 - 12　　　　　　　　　　排除行业关联效应影响

变量	(1) *Cost2*	(2) *Cost2*
Treatpost	0.029 ** (2.179)	0.027 ** (2.056)
Lnasset		-0.013 (-1.050)
LEV		0.034 (0.795)
ROA		-0.008 (-0.143)
Quick		0.037 *** (4.676)
Growth		-0.003 (-0.522)
Outsiders		-0.038 (-0.567)
Duality		-0.008 (-0.744)
LargestHolderRate		-0.044 (-0.858)

续表

变量	(1) Cost2	(2) Cost2
MB		− 0. 002 (− 0. 454)
Big4		− 0. 012 (− 0. 532)
MAO		0. 014 (0. 779)
Turnover		0. 001 (1. 460)
_cons	0. 071 *** (13. 968)	0. 346 (1. 226)
N	1147	1147
Firm FE	YES	YES
Year FE	YES	YES
Adjusted R^2	0. 493	0. 507

第五节　进一步检验

一、债券违约与关联公司债券发行利差

前面探讨了地方国企债券违约事件下，关联公司的银行贷款成本是否增加以及相应的截面检验，这部分通过考察关联公司债券发行利差的影响，可以更为清晰干净地探究地方国企债券违约后，国资委控制的关联公司的新增债务融资成本是否增加。本部分根据 Wind 数据库重新构建了 2014 ~ 2020 年内上市公司发行债券的样本。具体来说，

借鉴利文斯顿等（Livingston et al.，2018）的实证设计，本书以 Wind 上下载的 2014～2020 年上市公司发行的公司债、企业债、短期融资券和中期票据四种类型债券 6104 只债券为初始样本；为计算发行利差，剔除浮动利率类型债券 2 只、金融保险行业 10 只、公司受到特殊处理 4 只，并进一步剔除发行利差缺失值和控制变量缺失值，最终剩余 5650 只债券，对应着 726 个公司。我们将这一数据库与国资委控制的上市公司数据库相匹配，则样本中包含 1767 只债券，进一步按照本章主回归样本匹配方法，构建对照组，最终剩余 1005 只债券，对应着 148 个公司。

为进一步检验债券违约事件对债券发行利差的影响，本部分构建模型（6.2）：

$$Spread = \beta_0 + \beta_1 Treatpost + \sum ControlVariables + \sum Year$$

$$+ \sum Industry + \sum Bondtype + \sum Pro + \varepsilon_{i,t} \qquad (6.2)$$

其中，$Spread$ 是债券发行信用利差，为经过同一期限结构国债利率平减后的数值，其均值为 1.46，标准差为 1.04，这与国资委控制的公司债券发行成本更低相符。$Treatpost$ 变量定义为在某一地方国资委控制公司首次发生债券违约后，当其他被该地方国资委控制上市公司的债券发行日期在债券违约日期当日及之后记为 1，否则记为 0。除模型（6.1）所添加的控制变量外，在回归中还控制了发行债券本身的特征，包括债券规模的对数（$Lnbondsize$）、债券发行期限（$Bondterm$）、债券发行的主体信用评级（$Rate$），以及虚拟变量表征债券承销商的年度收入是否属于年度前十（$Broker10$）。模型中添加了行业、年份、省份及债券类型的固定效应，采用了聚类在公司层面的稳健标准误。

表 6-13 汇报了回归结果。列（1）为仅控制行业、年份、省份及债券类型固定效应的回归结果，列（2）、列（3）为进一步控制债券特征、发行主体特征后的回归结果。回归结果表明，关联公司在债券违约事件的负面冲击后发行债券的利差显著上升，新增债务融资成本增加，

这意味着地方国企债券违约引发的地方政府隐性担保受到影响，关联公司的债券发行成本也会有所上升，进一步证明了本章的主要结论。

表 6 - 13　　　　　　　债券违约与关联公司债券发行利差

变量	(1) Spread	(2) Spread	(3) Spread
Treatpost	0.384 *** (2.645)	0.250 ** (1.979)	0.343 *** (2.650)
lnbondsize		-0.208 *** (-4.556)	-0.004 (-0.102)
Bondterm		-0.164 *** (-4.425)	-0.151 *** (-4.504)
Rate		-0.334 *** (-10.109)	-0.147 *** (-4.784)
Broker10		-0.120 (-1.401)	-0.144 * (-1.851)
Lnasset			-0.350 *** (-7.624)
LEV			0.939 *** (3.485)
ROA			-3.822 *** (-3.886)
Quick			-0.172 (-1.628)
Growth			0.029 (0.264)
Outsiders			-0.999 ** (-2.217)
Duality			0.642 *** (7.037)

变量	(1) Spread	(2) Spread	(3) Spread
LargestHolderRate			-1.367^{***} (-6.344)
MB			-0.435^{***} (-4.136)
Big4			-0.116^{*} (-1.714)
MAO			-0.224 (-1.584)
Turnover			-0.007 (-0.554)
_cons	2.066^{***} (21.896)	4.243^{***} (21.254)	12.534^{***} (10.691)
N	1005	1005	1005
Industry FE	YES	YES	YES
Year FE	YES	YES	YES
Bondtype FE	YES	YES	YES
Province FE	YES	YES	YES
Adjusted R^2	0.391	0.539	0.654

二、债券违约与关联公司银行贷款规模

进一步地,本章考察了地方国企债券违约后,关联公司的银行贷款规模是否发生变化。一方面,国企债券违约后,关联公司的风险预期上升,银行贷款规模可能有所下降;另一方面,信贷歧视现象在我国信贷市场依然存在,国企作为银行的主要客户,且国资委控股的上市公司更是当地的明星企业,相较于其他企业,具有较强的资源禀赋和区域优势

（王宇伟等，2018）。因此，银行可能并不会缩减对关联公司的贷款规模，而仅通过提升贷款成本来应对风险预期的增加。借鉴何熙琼等（2016）的研究，本书通过公司现金流量表获取"取得借款的现金流量"这一数据，并将其与公司总资产相比进行标准化处理，记为变量 *Debt*。另外，本书从 CSMAR 数据库中获取公司单笔银行借款的情况，并将贷款规模按照年度进行加总，也通过将其与公司总资产相比得到变量 *Loan*。表 6 - 14 列（1）和列（2）为将这两个变量作为被解释变量的回归结果。回归结果发现，变量 *Treatpost* 的回归系数虽然为负但均不显著。这表明国企债券违约发生后，银行对关联公司的风险预期上升，但主要通过增加银行贷款成本而非缩减银行贷款规模来应对风险，寻求额外的风险补偿。

表 6 - 14 债券违约与关联公司银行贷款规模

变量	(1) *Debt*	(2) *Loan*
Treatpost	-0.005 (-0.252)	-0.006 (-0.383)
Lnasset	0.002 (0.067)	0.054 *** (2.699)
LEV	0.400 *** (3.771)	0.166 *** (2.703)
ROA	-0.012 (-0.083)	0.063 (0.704)
Quick	-0.019 (-1.282)	0.003 (0.278)
Growth	0.007 (0.659)	0.029 *** (3.598)
Outsiders	-0.078 (-0.727)	-0.048 (-0.529)

变量	(1) *Debt*	(2) *Loan*
Duality	−0.026* (−1.712)	0.002 (0.161)
LargestHolderRate	0.035 (0.432)	−0.065 (−1.042)
MB	−0.002 (−0.182)	0.002 (0.444)
Big4	−0.040 (−1.466)	0.042 (1.112)
MAO	0.025 (0.654)	0.004 (0.163)
Turnover	0.000 (0.145)	−0.003** (−2.208)
_cons	0.010 (0.014)	−1.281*** (−2.758)
N	1197	1216
Firm FE	YES	YES
Year FE	YES	YES
Adjusted R^2	0.733	0.057

第六节 本章小结

中国债券市场的政府隐性担保预期是债券刚性兑付的重要原因。本章从公司债务融资角度出发，分析了地方国企债券违约后地方政府隐性担保作用被削弱的情况下，该地区由地方国资委控制的其他公司（"关联公司"）的银行贷款成本的变化。通过双重差分模型实证检验发现，首先，地方国企债券违约事件的渐进发生，使得关联公司的银行贷款成本显著上升。其次，在截面检验中，当造成负面冲击的国企债券违约事件所处地区的市场化程度越低，即当地债券违约处置机制越不完善时，关联公司银行贷款成本上升的幅度越大；当债券违约事件的违约规模越大，负面溢出效应越强，关联公司银行贷款成本上升的幅度也越大；但违约债券的信用评级能否起到提前预警作用，对关联公司的银行贷款成本上升幅度没有显著影响。债券违约事件的截面检验也辅助证明经由国资委实际控制人构成的传染效应是真实存在的。再次，从关联公司的风险特征出发，当关联公司的信用风险和经营风险越高时，其偿还借款的不确定性增加，银行会索要更高的风险报酬补偿，关联公司的银行贷款成本也会增加。最后，当公司所处的行业竞争度越低或地方政策优惠越多时，表明公司与地方政府信用联系越紧密，债券违约溢出效应对银行贷款成本增幅也会上升。在进一步检验中，考察了债券违约事件后关联公司债券发行的信用利差的情况，发现关联公司的债券发行成本也会显著上升。另外，本章也关注了关联公司银行贷款规模的情况，发现地方政府隐性担保被打破后，关联公司的银行贷款规模并未缩减。这意味着地方国企债券违约事件的确引发了银行对其他国企偿债能力的担忧，但限制于地方国有企业的区域优势和资源禀赋，银行并未对其减少信贷额度，而主要通过提高银行贷款成本来寻求风险补偿。

本章的结果表明当该地区的国有企业债券发生违约后，会削弱该地区政府的隐性担保作用，该地区国资委控制的其他国企的银行贷款成本从而会受到影响，证明了地方国有企业债券违约后经由实际控制人产生的风险溢出路径以及带来的风险后果。同时，本章发现政府隐性担保削弱对国企银行贷款成本影响的两面性。一方面，地方政府隐性担保削弱的确改变了债权人的风险预期，从而提升贷款成本，这意味着债券违约事件有助于推进市场化改革，使国有企业融资成本更贴近和适用市场化定价机制，推进融资市场的中性竞争。另一方面，关联公司的银行贷款规模并未发生显著变化，这意味着地方政府隐性担保被完全打破是一个长期过程。我国的金融体系与地方政府和国有企业之间存在着天然的联系，民营企业在金融市场上通过正式融资渠道获取资金的劣势依然明显。金融机制市场化改革的进程不是一蹴而就的，地方国有企业债券刚性兑付被打破已经逐渐改变市场参与者的风险预期。

本章可能具有以下启示：首先，银行作为我国信贷市场和债券市场的重要参与者，在国有企业债券刚性兑付打破的情况下，需进一步加强风险监控，优化风险评估模型，削弱地方政府隐性担保在国有企业的借贷成本中发挥的作用，需对企业债券违约风险进行预警并采取有效措施。其次，国有企业自身需加强内部控制，提升资金管理能力和配置效率，减轻对地方政府的依赖。最后，从监管方的视角来看，则应该加快完善国资监管的体系，推动"管资产"向"管资本"转变，减弱国有企业与地方政府信用的"捆绑关系"，优化企业的治理体系，并按照治理结构确定国有企业履职人员的职权，提升企业运营的制度化水平。

第七章

地方国企债券违约风险溢出与资源配置效率

第一节 引　言

2018 年 11 月 1 日，习近平总书记在民营企业座谈会上指出："在我国经济发展进程中，我们要不断为民营经济营造更好发展环境，帮助民营经济解决发展中的困难，支持民营企业改革发展，变压力为动力，让民营经济创新源泉充分涌流，让民营经济创造活力充分迸发。"[①] 这肯定了民营经济的重要地位和作用，同时表明民营企业存在"融资难、融资贵"的问题。无论在理论还是中国的现实场景中，因产权性质差异导致融资过程中出现的资源配置歧视现象一直是一个经典且重要的问题。国有企业在国民经济发展初期处于战略性、主导性地位，大量生产要素和资源禀赋均向国有企业倾斜（Allen et al.，2005）。国有企业在市场准入、产权保护和监管待遇等方面均处于优势地位。近年来监管方采取多项措施以消除资源配置结构失衡问题，但是在我国以银行贷款为

---

① 习近平谈治国理政（第三卷）[M]. 北京：外文出版社，2020：264.

主的间接融资体系下，银行与国有企业具有天然联系，银行依然在投放信贷资源时存在着显著的产权偏好。在这种情况下，商业信用等非正式融资渠道出现，成为民营企业经营过程中获取资金的重要来源（王竹泉等，2014）。然而，民营企业在激烈的市场竞争中为获取与国有企业合作的机会，会通过缩减自身流动性的方式向国有企业提供商业信用支持（余明桂和潘红波，2010）。事实上，国有企业对战略性、基础性的生产要素一直掌握着控制权（刘瑞明和石磊，2011）。

在产权性质引发的竞争扭曲背景下，民营企业在信贷市场和产品市场上的融资地位均处于劣势，这使得推进市场化资源配置机制，成为激发民营企业活力，实现高质量经济发展的内在要求。基于这种现状，大量研究探讨了宏观政策或者产业政策的出台如何优化民企与国企之间的资源分配效率，增强市场决定资源配置的主导作用。何熙琼等（2016）发现产业政策支持有助于提升企业投资效率。金融发展水平可以增加银行的竞争效率，比如贷款利率市场化改革增强了银行业竞争力度，有助于缓解信贷歧视问题（刘莉亚等，2017；张伟华等，2018）。续贷限制可以提高企业流动性，改善信贷资源配置（刘海明和曹廷求，2018）。法治基础设施建设有利于监管资本的流动，增强对债权人的保护，也有利于提升资源配置效率（江伟和姚文韬，2016），这些研究为检验相关改革制度的政策性效果提供了支持。

特别地，张文魁（2021）认为，相较于宏观政策调控或者产业政策，立足于公平竞争的企业发展政策将重点放在企业之间，尤其是不同所有制企业之间，在激发市场主体的经济活力上起到更重要的作用。事实上，随着时间的推移，频繁的宏观政策调控或倾斜性的产业政策能否促进竞争中性已经受到学者的质疑（吴敬琏，2017）。另外，从政策评估的统计学角度，现有研究更多关注了监管方主动颁布的政策，并以这些政策作为准自然实验进行检验，但是政策出台的时间和对象通常具有一定的选择性。基于此，本章借助于地方国企债券违约事件发生，导致地方政府隐性担保被动受到影响而"由内打破"而非宏观政策"由外打破"，探究地方国企债券违约能否倒逼地方政府提升资源配置效率，缓解产权性质在资源获取上的差距。

基于三重差分模型，使用2014~2020年A股上市非金融类上市公司作为研究样本，本章具有以下研究结论。第一，相较于未发生地方国有企业债券违约的地区，发生债券违约地区民营和国企的银行贷款成本差距下降、商业信用供给差距缩小。分组检验发现，当发生国企债券违约地区的市场化程度越低，或债券违约前信用评级未起到预警作用时，上述效应越明显，但债券违约规模对这一效应的强弱不具有显著影响。当地方政府的财政透明度越低或地方政府数据公开程度越低时，国企债券违约事件导致关联地区民企与国企之间银行贷款成本和商业信用供给差距减少的幅度越明显。当地区内部拥有的上市银行数量越低或运用的金融资本越低时，上述效应越显著。第二，本章的结果满足三重差分平衡趋势假定，使用替换变量、变换控制组、增加省份时间交互固定效应、考虑民营企业债券违约事件风险溢出效应的干扰因素后，本章的结果依然稳健。第三，本章发现国企债券违约事件引发的地区内部民企和国企之间银行贷款成本缩小，主要在于该地区国企银行贷款成本相较其他地区国企贷款成本的上升，而民企的贷款成本并未相对下降。但是在考察商业信用供给情况时，本章发现地区内部民企和国企之间商业信用供给差距的下降，主要在于该地区民企商业信用供给水平的相对下降。同时，本书证明这种效应在于产业链上民企相对国企地位的相对上升。第四，从民营企业整体层面来看，本章也发现债券违约发生后民营企业的银行贷款成本和商业信用供给水平均显著增加。

本章的研究贡献如下：

第一，本章基于中国企业因产权差异而出现信贷市场中歧视、产品市场中垄断的现况，首次检验了国有企业债券违约对资源配置效率的影响，为全面、系统、客观地认识国企债券违约风险提供了新的理论依据。已有关于企业债券违约风险溢出效应的文献，仅从微观公司层面发现债券违约对公司信贷利差、信息质量的负面效应（王叙果等，2019；

宁博等，2020；王茹婷等，2022），本章则在此基础上跳出微观公司层面，进一步从区域层面内部比较民企与国企资源配置结构的相对变化情况，发现国企债券违约有利于缓解信贷歧视，降低国企在上游市场中的垄断地位。本章的结果回应了为何现有研究关于债券违约和公司融资成本实证结果不一致的原因。

第二，本章丰富了产权性质与资源配置效率的文献。以往文献主要从代理成本、信息质量、政治关联等公司特征探讨了对资本市场资源配置效率的负面影响（朱凯等，2010；张敏等，2010），或从宏观地方政府干预的角度集中探讨了地方政府对于企业融资成本、信贷供给、投资效率的影响，指出地方政府扭曲了信贷资源配置（唐雪松等，2010；王文甫等，2014；Whited and Zhao，2021）。本章从中国金融去杠杆的制度背景出发，借助国企债券刚性兑付打破事件，探究改革过渡期下地方政府隐性担保"由内打破"而非"由外打破"如何影响资源在国企与民企配置结构，扩展了资本市场资源配置效率影响因素的研究。

第三，从现实意义上看，本章考虑了地方国企债券违约的两面性，更为全面、系统、客观地证明了一条新的国有企业债券违约风险溢出路径及背后逻辑，扩展了国企债券违约的新内涵。同时，本章的研究结果对监管当局推进债券违约市场化机制、妥善化解债券违约风险、提升要素在不同所有制主体间的公平配置也有一定借鉴意义。

本章整体的研究框架图如图 7-1 所示。

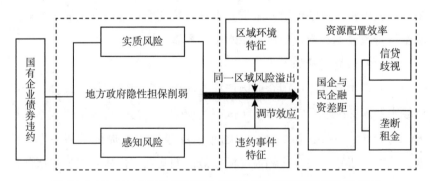

图 7-1　地方国企债券违约风险溢出与资源配置效率的研究框架

第二节　研究假设

鉴于我国新兴转轨的市场经济条件下，不同产权性质的企业在面对负面冲击程度可能不同。在国有债券违约发生后，该地区的国有企业和非国有企业受到的信用风险冲击后的效果存在差异。一方面，相较于非国有企业，国有企业拥有更多稀缺资源，当该地区发生国有企业债券违约而导致经营活动受阻时，它可以通过政府特许权等获取新的客户资源，客户转换成本较低。另一方面，在银行信贷配给的背景下，国有企业获取银行信贷的能力远高于非国有企业，这意味着它进行风险预防的动机不强。在区域内部，国有债券违约发生后，该地区的政府隐性担保的预期逐渐被削弱，这意味着政府赋予国有企业相应的资源的能力意愿逐渐在失效，相较于那些地方政府隐性信用未被削弱的地区，削弱地区内部的在不同产权性质企业之间的资源分配可能产生变化。

本书第六章证实了国有企业背后的政府隐性担保失效后，国有企业的银行贷款成本会相对上升，表明风险资产的定价机制已经逐渐向市场化靠拢，产权性质在风险资产定价时影响债权人决策的比重在降低，这意味着相较于其他地区，民企与国企之间的银行贷款成本差距可能因风险的释放而缩小。但是，若国企债券违约的风险也会同时蔓延至区域内部民营企业身上而导致该地区民营企业的银行贷款成本也大幅上升，那么相较于其他区域，民企与国企之间银行贷款成本的差距变化可能并不显著。民营企业在我国融资市场中的信用依然脆弱，国企债券违约事件发生后，市场整体风险增加，政府隐性担保即使被削弱，在信贷市场上提供的担保作用依然强于民企，那么民企可能是国企债券违约的最终风险承受方。通过上述分析可以发现，国企债券违约后，该地区国企与民企融资成本差距的变化在于该地区民企融资成本的相对变化，若其融资成本上升的幅度高于同地区国企，那么两者之间的融资成本差距反而会进一步扩大；若其融资成本上升的幅度低于国企或者不变甚至下降，那么债券违约后，区域内部民企与国企之间的融资成本差距会缩小。基于此，本章提出假设1：

假设1：相较于未发生地方国有企业债券违约的地区，发生债券违约地区内部民企与国企之间的融资成本差距未发生显著变化。

从公司提供的商业信用支持来看，供应链上供应商财务状况、经营状况、破产风险等自然会影响到客户授予商业信用的水平。由于国有企业通常处于行业上游，掌握着该地区关键的生产要素和基础性、战略性的资源。因此，在供应链关系上，国有企业通常处于民营企业上游。同时，考虑到国有企业通常在当地经济发展中起着重要作用，这意味着地方国企的资金流、业务流已经深刻地嵌入到当地经济发展和集团建设过程中，具有更多的交易对手方。而上市的民营公司一般为区域内的纳税大户，两者必然存在着较多的往来经济活动和交易事项。那么当该地区发生国企债券违约时，当地政府隐性担保作用减弱，该地区的国有企业经营风险存在潜在上升的可能时，位于下游的民企可能会减少对上游商业信用供给的规模，即民企对上游的商业信用支持水平下降。

首先，当公司所在地区出现国有企业债券违约后，相较于其他地区国企，该地区国企未来经营与发展的不确定性增加，加之地方政府隐性担保作用的削弱，民营企业为避免可能的风险损失，提供商业信用的意愿下降。其次，供应链上的紧密联系使得债券违约风险可能沿着地区关联国企进一步传导至民企上，业务订单量降低，商业信用活动可能也会缩减。最后，基于信息的外部性，国有企业债券违约后，投资者对于该地区企业的风险报酬补偿增加，外源融资成本上升，由于供应链上的业务往来更多地集中于同一地区，这意味着该地区民企流动性水平下降，商业信用供给能力的下降。因此，相较于未发生债券违约地区，在该地区发生国企债券违约，地方政府隐性担保作用削弱后，地区内部民企和国企之间的商业信用可能发生上述三种情况的流转，这使得该地区民企向上游国企提供商业信用的意愿和能力下降，从而相较于其他省份中民企与国企在供应链上的信用支持意愿下降。但是，若国企债券违约对地区内国企的风险溢出效应主要由真实风险构成，即该地区的国企也与发生债券违约的国企一样，存在着经营能力弱，偿债能力低的现象，这使该地区国企流动性水平收紧，也没有能力再对外提供商业信用支持。那么相较于其他区域，民企与国企之间商业信用供给的差距变化可能并不显著。基于以上分析，提出假设2：

假设2：相较于未发生地方国有企业债券违约的地区，发生债券违约地区内部民企与国企之间的商业信用供给差距没有显著变化。

由于国有企业的最终控制人是政府，地方重要国有企业信用水平的高低很大程度反映了地方政府的信用水平。当国有债券发生违约时，不仅会影响该企业的信用，更会对于该地区政府的信用受到冲击，使投资者对于整个地区的投资环境、营商环境产生怀疑，从而引起大规模资金的出逃，最终引发区域性金融风险。因此，发生国有企业债券违约地区的信息环境越透明，越有助于投资者在负面事件发生前对当地国企的债务及融资情况进行评估，即地方政府隐性担保被削弱的信号已经在债券违约前逐步向公众传递，地方政府隐性担保受损所造成的风险已经逐步释放。另外，地方政府信息环境的透明程度会影响其对公众资源的依赖性（辛兵海和张志超，2014），这意味着国有企业债券违约发生后被妥善化解的概率越大，投资者得到赔偿的概率越大，因而公众有更强的信念认为信息透明的地方政府可以更好地履行公共受托责任，保护资产的安全。反之，国有债券违约地区的地方政府信息环境越不透明，国有债券违约溢出效应越强，该地区内部民企与国企融资差距缩小的程度可能越明显。基于此，提出假设3：

假设3：地方政府信息环境越不透明，地方国企债券违约使得受到冲击地区内部民企与国企之间的融资差距相对缩小的幅度越明显。

鉴于国有企业债券违约的底层逻辑是地方政府隐性担保预期的削

弱，那么该地区的地方政府运用金融资源的能力越强，表明国企债券违约的发生更多在于地方政府救助意愿的下降而非救助能力的下降，此时国有企业债券发生违约更多地被视为是单一企业的风险变化而非整个地方政府的投资环境恶化。同时，地方撬动金融资本的能力越强，债券违约后被合理处置的可能性越大，投资者后期得到本金或利息偿付的概率越高，降低了投资者恐慌情绪。另外，地方金融市场越发展，各方面要素更为齐全，投资者对于国有企业债券违约事件的发生更偏向于市场化认知，即视为地方政府淘汰落后产能的决心。反之，地方政府运用金融资本的能力越弱，国有债券违约溢出效应越强，该地区内部民企与国企融资差距缩小的程度可能越明显。基于此，提出假设4：

假设4：地方政府金融资源越弱，地方国企债券违约使得受到冲击地区内部民企与国企之间的融资差距相对缩小的幅度越明显。

第三节　研究设计

一、样本选取与数据筛选

本部分以2014～2020年A股上市公司为研究样本，探究地方国企债券违约后，该地区的国企与非国企之间的正式融资和非正式融资差距的变化。根据Wind数据获取地方国资委控制的国企首次发生债券违约的日期，具体见表5-1；并按照债券违约事件形成的准自然实验识别实验组所在的公司以及受到事件冲击的日期。模型中的公司银行贷款成本数据来自公司财务报表附注，商业信用数据获取自CSMAR数据库，其他控制变量和地区宏观经济数据均来自CSMAR数据库，地方政府审计信息和地方控制商业银行概况来自CNRDS数据库。

本章的样本筛选过程如下：首先，本部分以 2014～2020 年 A 股上市公司 29403 个观察值作为初始研究样本，剔除金融行业样本 581 个，剔除 ST 样本 544 个，进一步剔除在事件期间发生过债券违约的样本 252 个。为考察国企和民企在债券事件后的融资差距，再剔除产权性质发生变化样本和相关控制变量缺失值，最后剩余样本 14460 个。另外，为选取地方国企债券违约事件下的控制组，与第五章的处理办法相同，本章使用与发生地方国企债券违约事件所属省份的邻近省份的公司样本作为控制组。由于样本期内发生国企债券违约的省份为 11 个，则在选取 11 个邻近省份作为控制组后，依然有 9 个省份的样本未参与回归，此时，最终样本中包括 11783 个公司—年度样本，对应着 2590 个公司。本章对所有连续变量均进行上下 1% 的缩尾处理。

二、模型设定与变量定义

（一）模型设定

本章主要探讨国企债券违约发生后，相较于其他未受到债券违约冲击省份的公司，该地区的国有企业与民营企业获取信贷资源和提供商业信用差距的变化，以说明地方政府隐性担保预期削弱后，资源在产权性质之间的分配结构。基于此，本章使用了三重差分模型，借鉴张川川等（2017）、樊勇和李昊楠等（2020）的研究，本书构建三重差分模型（7.1）检验地方国企债券违约后，该地区国有企业和民营企业的融资差距：

$$
\begin{aligned}
Cost(Credit) = {} & \beta_0 + \beta_1 Treatprov \times Post \times NonSOE + \beta_2 Treatprov \\
& \times Post + \beta_3 Post \times NonSOE + \beta_4 Treatprov \times NonSOE \\
& + \beta_5 Treatprov + \beta_6 Post + \beta_7 NonSOE + \sum ControlVariables \\
& + \sum Year + \sum Firm + \varepsilon_{i,t}
\end{aligned} \tag{7.1}
$$

其中：被解释变量 *Cost* 为公司的银行贷款成本，*Credit* 为公司的商业信用供给情况。解释变量为根据地方国企债券违约事件时间、涉及的省份以及是否为民企三个虚拟变量的交互项。具体地，变量 *Treatprov* 指在样本期内该省份国资委控制的公司是否发生债券违约，如果发生则记为 1，否则记为 0。变量 *Post* 为根据债券违约事件判断的时间指示变量，若处于债券违约事件发生当年及以后年度记为 1，否则记为 0。变量 *NonSOE* 为产权性质变量，若公司为非国有企业（本章简称为"民营企业"）则取值为 1，否则记为 0。根据三重差分模型的定义，模型中也引入了以上虚拟变量两两交互项以及虚拟变量的单独项。β_1 为我们感兴趣的待估系数，即三个虚拟变量交互项的估计量，代表在控制其他不变因素后，相对于未受到地方政府信用冲击的地区，受到冲击地区国有企业和民营企业之间融资情况的变化。

模型中同时控制了年份和公司的固定效应，模型采用了聚类在公司层面的稳健标准误。另外，本书样本中的公司产权性质在样本期内均未发生变化，解释变量 *NonSOE* 为不随时间区域变化的变量，这导致在回归过程中，系数 $\beta_4 \sim \beta_7$ 代表实验组变量及代表事件冲击的时间变量估计系数因固定效应的添加而被吸收。因此，在标准的三重差分模型基础上，本章在实证检验时采用的模型为三重差分的广义模型（7.2）：

$$Cost(Credit) = \beta_0 + \beta_1 Treatprov \times Post \times NonSOE + \beta_2 Treatprov \times Post$$
$$+ \beta_3 Post \times NonSOE + \sum ControlVariables + \sum Year$$
$$+ \sum Firm + \varepsilon_{i,t} \tag{7.2}$$

（二）被解释变量

本章综合考察了公司正式和非正式融资情况，包括公司的银行贷款成本、贷款规模以及公司上游、下游商业信用供给四个变量。正式融资情况使用银行贷款成本及贷款规模衡量，与第五章节的构造方法相同。银行贷款成本变量（*Cost*）使用净财务费用与有息负债比重衡量，其中，有息负债为该公司短期借款、长期借款及一年内到期长期借款的总和。银行贷款规模变量（*Debt*）使用公司现金流量表中"取得借款的现金流量"与公司总资产比值衡量。另外，由于国有企业通常处于行业上游，掌握着该地区关键的生产要素和基础性、战略性的资源，本章分别从公司为上游和下游提供商业信用供给两个维度，考察非正式融资中商业信用的变化情况。参考陆正飞和杨德明（2011）、孙昌玲（2021）、胡悦和吴文锋（2022）的研究，本章构造变量 *TC_Supply*，使用预付账款与总资产的比重衡量公司为上游供应商提供的商业信用支持；同样，使用应收账款与应收票据之和与总资产的比重，构造变量 *TC_Cust*，衡量公司为下游客户提供的商业信用支持。

（三）解释变量

基于三重差分模型，为衡量债券违约事件所在地区和其他地区的国有企业和民营企业渐次受到冲击情况，本书使用 *Treatprov*、*Post*、*Non-SOE* 三个变量的交互项，该交互项考察了当某一地方国资委控制的公司首次发生债券违约后，该地区的民企在受到债券违约冲击的年份及以后年份记为 1，否则记为 0。

（四）控制变量

本章控制变量与第六章模型（6.1）的控制变量相同，具体包括以下变量：公司财务特征，如公司规模（*Lnasset*）、杠杆率（*LEV*）、速动比率（*Quick*）、资产收益率（*ROA*）；公司成长性指标，如营业收入增长率（*Growth*）、市值账面比（*MB*）；公司治理情况指标，如第一大股东持股（*LargestHolder*）、独立董事占比（*Outsiders*）、两职合一（*Duality*）；公司信息披露指标，如是否为四大会计师事务所审计（*Big4*）、审计意见是否为非标意见（*MAO*）以及股票换手率（*Turnover*）。本章所使用的变量的具体定义如表 7–1 所示。

表 7 – 1　　　　　　　　　　　　　变量定义

变量	定义
Cost	银行贷款成本，净财务费用/（短期借款、长期借款及一年内到期长期借款），其中净财务费用为利息支出、手续费支出等财务费用的总和
Debt	银行贷款规模，取得借款的现金与公司总资产之比
TC_Supply	为上游提供的商业信用支持，预付账款与总资产之比
TC_Cust	为下游提供的商业信用支持，应收账款与应收票据之和与总资产之比
Treatprovince	若该省份国资委控制的公司发生债券违约则记为 1，否则记为 0
Post	若处于债券违约事件发生当年及以后年度则记为 1，否则记为 0
NonSOE	若为非国有企业则记为 1，否则记为 0
Lnasset	公司规模，公司年末资产取对数
ROA	公司资产收益率，公司净利润与总资产之比
LEV	负债率，公司总负债与总资产之比
Quick	速动比率，流动资产与流动负债之比
Growth	公司成长性，营业收入增长比率
Outsiders	独立董事占比，独立董事人数与公司董事人数之比
LargestHolder	第一大股东持股占比，第一大股东持有股本占公司流通股比例
MAO	会计信息质量，若审计意见为非标意见则取 1，否则取 0
Duality	两职合一，若公司总经理和董事长为一人则记为 1，否则记为 0
MB	市净率，市值与净资产之比
Big4	若公司的会计师事务所按年营业收入排名前四则记为 1，否则为 0
Turnover	公司股票换手率，年度股票交易量与流通股总数之比

三、描述性统计

表 7 – 2 为本章的描述性统计结果，实验组变量 Treatprov 的均值为
0.319，表明样本中 31.9% 的公司所在的省份发生过国企债券违约事
件，Post 变量的均值为 0.654，样本期内有 65.4% 的公司处于债券违约

事件冲击后，另外变量 *NonSOE* 的均值为 0.64，即 64% 的公司为民营企业。三个变量的交互项 *Treatprov* ×*Post* ×*NonSOE* 的均值为 0.083，即有 0.83% 的样本位于发生债券违约省份且为民企同时处于债券违约事件发生后。进一步观察被解释变量银行贷款成本 *Cost*，其均值为 0.081，稍高于第六章描述性统计的结果。由于第六章样本仅为国资委控制的上市公司，而本章中包括国有和非国有企业，故侧面证明本章样本的有效性；银行贷款规模变量 *Debt* 平均值为 0.212，即平均公司每年度从银行获取借款占总资产的 21.2%。

表 7 - 2 描述性统计

变量	N	mean	sd	min	p25	p50	p75	max
Treatprov ×*Post* × *NonSOE*	11783	0.083	0.276	0	0	0	0	1
Treatprov	11783	0.319	0.466	0	0	0	1	1
Post	11783	0.654	0.476	0	0	1	1	1
NonSOE	11783	0.640	0.480	0	0	1	1	1
Cost	11151	0.081	0.131	0.002	0.033	0.052	0.078	1.060
Debt	11343	0.212	0.159	0	0.095	0.183	0.289	0.824
TC_Supply	11755	0.020	0.025	0	0.004	0.011	0.0240	0.146
TC_Cust	9551	0.163	0.122	0.001	0.064	0.142	0.236	0.544
Lnasset	11783	22.531	1.328	20.029	21.598	22.344	23.283	26.282
LEV	11783	0.488	0.187	0.109	0.349	0.482	0.620	0.918
ROA	11783	0.021	0.072	−0.355	0.009	0.028	0.053	0.164
Quick	11783	1.249	0.956	0.165	0.656	0.998	1.509	5.954
Growth	11783	0.168	0.462	−0.626	−0.0410	0.091	0.258	2.918
Outsiders	11783	0.377	0.055	0.333	0.333	0.364	0.429	0.571
Duality	11783	0.267	0.443	0	0	0	1	1
LargestHolder	11783	0.329	0.147	0.086	0.215	0.304	0.425	0.731
MB	11783	1.955	1.259	0.851	1.195	1.555	2.214	8.374

变量	N	mean	sd	min	p25	p50	p75	max
*Big*4	11783	0.067	0.251	0	0	0	0	1
MAO	11783	0.044	0.204	0	0	0	0	1
Turnover	11783	5.332	4.229	0.434	2.327	4.109	7.112	22.524

同时，公司为上游供应商提供的商业信用支持变量 *TC_Supply* 平均值为 0.020，标准差为 0.025，即公司平均年度预付账款占总资产比重为 2.0%，另外，公司为下游客户提供的商业信用支持变量 *TC_Cust* 平均值为 0.163，公司平均每年应付款项占总资产的 16.3%，这与孙昌玲等（2021）的描述性统计结果相近。观察控制变量的统计情况，公司规模的均值为 22.531，资产负债率为 0.488，盈利能力的平均值为 0.021，速动比率的平均值为 1.249，与常规研究样本的描述统计结果一致。

第四节　实证结果与分析

一、债券违约、产权性质与公司融资

表 7-3 为本章主假设的回归结果。其中，列（1）~ 列（2）的被解释变量为银行贷款成本，列（1）没有加入控制变量，仅控制了公司和年份固定效应，列（2）进一步加入了控制变量。解释变量的交乘项 *Treatprov ×Post ×NonSOE* 至少在 10% 水平上显著为正，其中，列（2）的系数为 -0.0196，其系数绝对值的边际效应为 0.020，表明国有企业债券违约发生后，相较于未受到债券违约影响的地区，受到影响的地区民营企业相较于国有企业的银行贷款成本下降 2.0%。进一步按照银行

贷款成本定义折算，即债券违约冲击下，相较于其他地区国企和民企，地方政府隐性担保受到影响地区民企和国企之间的平均年度利息支出减少 1690 万元，这表明本章的结果具有较为显著的经济意义。

表 7-3　　　　　　　债券违约、产权性质与银行贷款成本

变量	(1) Cost	(2) Cost	(3) Debt	(4) Debt
Treatprov ×Post × NonSOE	-0.0210 ** (-1.96)	-0.0196 * (-1.87)	0.0091 (0.78)	0.0096 (0.90)
Treatprov ×Post	0.0119 * (1.67)	0.0107 (1.53)	0.0024 (0.29)	0.0031 (0.39)
Post ×NonSOE	0.0177 *** (2.70)	0.0204 *** (3.10)	-0.0013 (-0.20)	-0.0167 *** (-2.68)
Lnasset		-0.0199 *** (-4.10)		-0.0000 (-0.00)
LEV		0.0101 (0.46)		0.3995 *** (20.60)
ROA		-0.0471 * (-1.87)		-0.0439 * (-1.84)
Quick		0.0320 *** (6.58)		-0.0083 *** (-3.18)
Growth		-0.0043 * (-1.69)		-0.0086 *** (-3.05)
Outsiders		0.0095 (0.29)		-0.0618 * (-1.71)
Duality		0.0037 (0.96)		0.0045 (1.16)
LargestHolderRate		-0.0209 (-0.70)		0.0104 (0.41)

变量	(1) Cost	(2) Cost	(3) Debt	(4) Debt
MB		− 0. 0005 (− 0. 22)		− 0. 0012 (− 0. 68)
Big4		0. 0122 (1. 60)		− 0. 0228 (− 1. 49)
MAO		0. 0164 ** (2. 28)		− 0. 0376 *** (− 4. 49)
Turnover		− 0. 0001 (− 0. 19)		− 0. 0006 (− 1. 55)
_cons	0. 0942 *** (13. 25)	0. 4995 *** (4. 48)	0. 2484 *** (35. 42)	0. 0738 (0. 66)
N	11151	11151	11343	11343
Firm FE	YES	YES	YES	YES
Year FE	YES	YES	YES	YES
Adjusted R^2	0. 3977	0. 4146	0. 6177	0. 6735

注：①括号内 t 值为采用聚类在公司层面的稳健标准误；② *** 、 ** 和 * 分别表示在 1% 、5% 和 10% 水平上显著；③由于本章部分回归系数的绝对值较小，为更完整地展示回归系数结果，故本章保留到小数点后四位。下表同。

　　进一步观察其他交互项，列（2）中交互项 Post ×NonSOE 的回归系数为 0. 0204，在 1% 水平上显著为正，侧面表明受到国企债券违约事件的影响，民营企业的整体银行贷款成本上升。整体回归结果表明，国企债券违约事件后，使得民营企业的整体贷款成本增加，但是受到债券违约事件影响地区的民企和国企之间的贷款成本差距降低了。结合第六章的实证结果，发生国企债券违约事件地区的国企融资成本高于其他地区国企，即地方政府隐性担保的削弱使得该地区国企贷款成本大幅上升，虽民营企业整体的贷款成本也有所上升，但上升幅度低于国企，这使得债券违约地区的民企和国企之间的贷款成本差距缩小。

列（3）和列（4）的被解释变量为银行贷款规模，交乘项 *Treat-prov ×Post ×NonSOE* 的回归系数均不显著，表明债券违约事件的发生并不会影响该地区国企和民企贷款规模之间的差距，这也辅证了第六章进一步检验中的结果，即国有企业债券违约发生后，该地区的国企信贷额度并未降低。观察列（4）中交互项 *Post ×NonSOE* 的回归系数，其在1%水平上显著为负，表明国企债券违约事件发生后，相较于国有企业，民营企业的整体银行信贷规模反而下降了。回归结果表明，地方国有企业债券违约事件发生后，市场上整体国企的信贷规模并未显著下降，但却间接对民营企业的信贷融资产生挤出效应，流动性风险被转嫁到民营企业身上。

结合表7-3整体回归结果表明，地方国有企业债券违约事件后，相较于国有企业，民营企业整体信贷资源受限更加明显，银行贷款成本上升且贷款规模下降。但是，相较于其他地区，受到国有企业债券违约事件影响的地区，地方政府隐性担保预期被削弱，导致该地区的国企和民企之间银行贷款成本的差距下降。从这方面来说，地方政府隐性担保的削弱有利于提升金融市场中的资源配置效率，完善信贷资本的定价机制，缓解民营企业的信贷歧视问题。

接下来，本章考察国有企业债券违约后，受到冲击地区国企和民营企业的商业信用供给情况（见表7-4）。列（1）和列（2）是公司为上游供应商提供商业信用支持的回归结果，核心变量的交乘项 *Treatprov × Post ×NonSOE* 的回归系数均在1%水平上显著为负，根据列（2）的系数为 -0.005，其系数绝对值的边际效应为0.005，根据变量 *TC_Supply* 的均值为0.020，表明国有企业债券违约发生后，相较于未受到债券违约影响的地区，受到影响的地区民营企业相较于国有企业为上游提供的商业信用支持相较于均值下降25%，这表明检验结果符合经济意义解释。另外，由于国有企业主要位于民营企业的上游位置，说明地区地方政府隐性信用削弱后，该地区国企在产业链上对民营企业强势地位减弱，民营企业向国有企业提供商业信用供给程度下降。

表 7 - 4 债券违约、产权性质与商业信用供给

变量	(1) TC_Supply	(2) TC_Supply	(3) TC_Cust	(4) TC_Cust
Treatprov ×Post × NonSOE	-0.0050 *** (-2.76)	-0.0050 *** (-2.80)	0.0003 (0.04)	0.0004 (0.06)
Treatprov ×Post	0.0019 (1.44)	0.0019 (1.44)	-0.0023 (-0.57)	-0.0022 (-0.54)
Post ×NonSOE	0.0042 *** (4.34)	0.0039 *** (4.02)	-0.0066 * (-1.73)	-0.0047 (-1.22)
Lnasset		0.0014 * (1.89)		-0.0154 *** (-4.54)
LEV		0.0075 ** (2.42)		0.0679 *** (5.13)
ROA		0.0028 (0.71)		0.0475 *** (2.63)
Quick		0.0007 (1.60)		0.0087 *** (4.86)
Growth		0.0011 ** (2.02)		0.0020 (1.01)
Outsiders		0.0056 (1.08)		-0.0332 (-1.57)
Duality		-0.0010 (-1.48)		0.0002 (0.07)
LargestHolderRate		0.0058 (1.38)		-0.0072 (-0.38)
MB		-0.0009 *** (-3.10)		0.0003 (0.28)
Big4		-0.0046 ** (-1.99)		-0.0025 (-0.28)
MAO		0.0029 * (1.85)		-0.0024 (-0.45)

续表

变量	(1) *TC_Supply*	(2) *TC_Supply*	(3) *TC_Cust*	(4) *TC_Cust*
Turnover		0.0000 (0.25)		0.0006 ** (2.49)
_cons	0.0234 *** (21.24)	−0.0153 (−0.89)	0.1715 *** (40.85)	0.4793 *** (6.42)
N	11755	11755	9551	9551
Firm FE	YES	YES	YES	YES
Year FE	YES	YES	YES	YES
Adjusted R^2	0.6661	0.6691	0.8413	0.8441

同时，列（2）中交互项 *Post ×NonSOE* 的回归系数在1%水平上显著为正，表明国企债券违约事件发生后，相较于国有企业，民营企业的整体为上游企业提供商业信用支持程度增加了，表现出债券违约事件的风险效应使得民营企业在非正式融资市场上也处于不利地位，市场对民营企业风险预期增加使得民营企业须为上游国企提供更多的商业信用支持以维持两者的业务关系。

列（3）和列（4）是以公司向下游客户提供商业信用支持的回归结果。关键变量交乘项 *Treatprov ×Post ×NonSOE* 的回归系数均不显著，另外其他虚拟变量的交互项的回归系数也不显著。由于民营企业的下游通常依然为民营企业，两者的资源禀赋较为相似，均会受到债券违约事件的负面冲击，这可能会使得民企的流动性风险增加，相较于国有企业，对下游企业提供商业信用支持的缩减规模更为明显，故 *Post ×Non-SOE* 的回归系数为负，符合经济意义解释。结合列（1）和列（2）中的回归结果也可以说明，公司向上游提供的商业信用支持减少并不在于宏观流动性风险导致公司被迫缩减商业信用规模，而在于地方政府信用担保受到影响后，国企和民企之间在产业链中地位优势的相对变化。

表7-4通过考察公司非正式融资情况，表明地方政府隐性担保的削弱使地区内民营企业相对国有企业的商业信用供给差距下降，打破国企债券刚兑有利于降低我国商业信用资源向国有企业过分倾斜现象，优化商业信用市场的供给结构。

二、平行趋势检验

本章使用了三重差分模型，需要满足平衡趋势检验。理论上，三重差分的平衡趋势检验要比双重差分更宽松，因此在有些研究中，学者使用三重差分检验结果证明双重差分的结果满足平衡趋势检验（任胜钢等，2019；樊勇和李昊楠，2020）。以本章的检验问题为例，若不同省份的公司的正式融资或非正式融资情况随时间的变化趋势不存在系统性差异，那么，双重差分中交互项 $Treatprov \times Post$ 的估计系数即可表征地方国企债券违约冲击对不同地区公司融资情况的影响。但是，若控制组和实验组公司融资情况具有显著差异，引入变量 $Treatprov$、$Post$、$NonSOE$ 三个变量的交互项后，则平行趋势放宽至这种系统性差异在国有企业和民企相同，即不同地区的个体特征对内部国企和民企融资情况的差异是相同的。因此，三重差分估计可以放松平行趋势假定，增强模型估计的可靠性。

基于此，本部分检查债券违约事件前，地区层面公司融资情况是否满足平衡趋势检验，若该双重差分的平衡趋势假定满足，那么三重差分的平衡趋势也可满足。首先，参照第五章中的平衡趋势检验方法，本部分生成事件期间变量 $Event$，表示不同公司该年度和其实际控制人首次发生债券违约年度的间隔。其次，根据事件期间变量 $Event$ 生成一系列虚拟变量 Pre_i、$Current$ 和 Pos_i。变量定义相较之前章节有稍许不同，具体而言，当该年度处于事件冲击前第 i 期且公司所在省份发生国企债券违约时，Pre_i 取1，否则取0；当该年度为债券违约冲击当期且公司所在省份发生国企债券违约时，$Current$ 取值为1，否则为0；同样，当该年度处于债券违约冲击后第 i 期且公司所在省份发生国企债券违约时，Pos_i 取值为 1，否则为 0。最后，选取事件前一期为基期，并将这一系列虚拟变量作为解释变量，按照模型（7.3）进行回归，估计系数的显著性表示实验组和对照组的差异是否显著。若变量 Pre_i 的系数不显著则表明满足平衡趋势检验结果。

$$Cost(Credit) = \beta_0 + \beta_i Pre_i + \alpha_1 Current + \gamma_i Pos_i + \sum ControlVariables$$

$$+ \sum Year + \sum Firm + \varepsilon_{i,t} \tag{7.3}$$

图 7-2 展示了根据虚拟变量的回归系数作图的结果。图 7-2（a）为被解释变量银行贷款成本变量 $Cost$ 的平衡趋势检验结果，从中可以看出，受到债券违约冲击前，回归系数并不显著，表明实验组和对照组不存在显著的系统性差异。图 7-2（b）的被解释变量为商业信用供给指标 TC_Supply，在事件冲击前，可以发现虚拟变量的回归系数均在 0 附近波动且不显著，表明不同地区公司商业信用供给情况随时间变化的趋势满足平衡趋势检验。整体而言，图 7-2 的结果表明模型（7.3）满足平衡趋势检验，地区间的公司融资情况在债券违约事件冲击前时间变化趋势不存在显著差异。

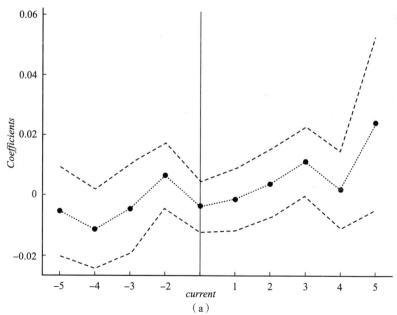

（a）

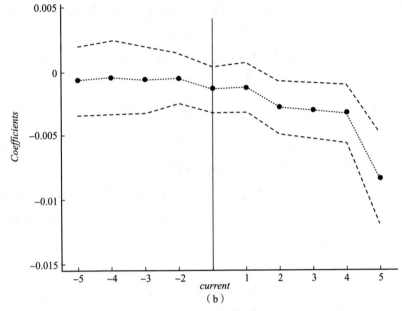

图 7 - 2　平衡趋势检验结果 1

注：图 7 - 2（a）为按照模型（7.3）被解释变量为 *Cost* 的回归结果，图 7 - 2（b）为按照模型（7.3）被解释变量为 *TC_Supply* 的回归结果。纵坐标为这一系列虚拟变量的回归系数，横坐标为距离债券违约公告日的期间。图 7 - 2 中带点线为虚拟变量的回归系数，两条长虚线代表该回归系数 90% 的置信区间。

参考蔡等（Cai et al.，2016）的研究，本部分还使用事件法（event-time）检验实验组和控制组之间的平衡趋势。具体而言，在生成一系列表明事件冲击和时间的虚拟变量后，使用模型（7.3）分别按照公司的产权性质进行分组检验，随后通过组间系数差异检验的方法估算各个交互项的组间差异和系数显著性。

图 7 - 3（a）为以银行贷款成本变量 *Cost* 为被解释变量，以变量 *Non_SOE* 分组回归系数组间差异结果，可以发现在事件期前，两组之间的系数在横坐标附近正向波动，即事件发生前，相较于控制组地区公司，在实验组地区民营企业和国有企业差距要更高，且系数均不显著（图中未呈现系数的显著情况）；但在事件发生后，组间系数差异显著下降，且系数在第 4 期和第 5 期的 p 值分别为 0.078 和 0.046，表明在

事件冲击后，实验组地区民企与国企之间银行贷款成本差距显著缩小。

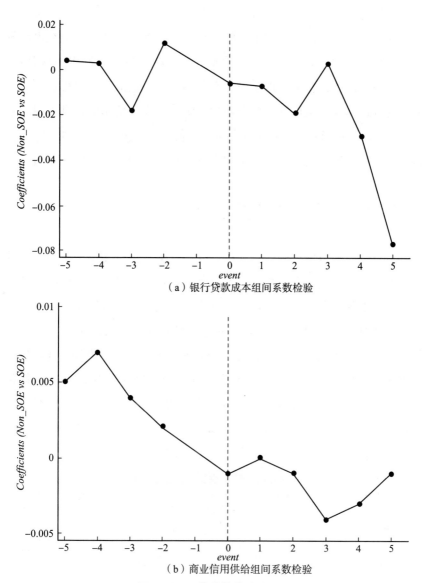

（a）银行贷款成本组间系数检验

（b）商业信用供给组间系数检验

图 7 – 3　平衡趋势检验结果 2

注：图 7 – 3（a）为被解释变量为 *Cost* 的回归结果，图 7 – 3（b）为被解释变量为 *TC_Supply* 的回归结果。纵坐标为以变量 *Non_SOE* 分组回归变量后，这一系列虚拟变量的回归系数的组间差异，横坐标为距离债券违约公告日的期间。

同样的方式，本部分检查了以商业信用供给变量 *TC_Supply* 作为被解释变量的分组回归系数组间差异结果，图7－3（b）展示了这一结果。在债券违约事件前，两组之间的系数在横轴上方波动，但在事件发生后，组间系数差异在横轴下方波动。这表明相较于控制组地区公司，债券违约事件后，实验组地区民营企业和国有企业的商业信用供给差距由正变负，即实验组地区民营企业向上游输送商业信用的幅度下降。整体而言，图7－3的结果进一步表明本章使用三重差分模型估计的结果满足平衡趋势这一前提条件，证明本章所检验的因果关系是存在的。

三、截面检验：债券违约事件特征

为与以前章节研究内容形成可比性，这部分依然使用国企债券违约事件本身的特征进行分组检验，考察其会如何影响民企和国企之间的融资差距。本部分考虑了债券违约发行人对应的地方国资委所在地区的市场化程度对主回归结果的影响。使用樊纲市场化指数衡量地方国资委所在省份的市场化程度，设置变量 *Low_Mindex*，若该省份债券违约年度的市场化指数处于全国市场化指数中值以下，则变量 *Low_Mindex* 取值为1，否则取值为0。表7－5展示了基于变量 *Low_Mindex* 的分组检验结果。

表7－5　　　　市场化程度、产权性质与商业信用供给

变量	(1) *Cost* 低市场化	(2) *Cost* 高市场化	(3) *TC_Supply* 低市场化	(4) *TC_Supply* 高市场化
Treatprov ×Post × *NonSOE*	－ 0.0295 * （－1.77）	－ 0.0086 （－0.64）	－ 0.0058 ** （－2.33）	－ 0.0044 * （－1.67）
Treatprov ×Post	0.0286 *** （2.67）	－ 0.0109 （－1.18）	0.0018 （1.07）	0.0022 （1.09）

续表

变量	(1) Cost 低市场化	(2) Cost 高市场化	(3) TC_Supply 低市场化	(4) TC_Supply 高市场化
Post ×NonSOE	0. 0239 ** (2. 32)	0. 0192 ** (2. 41)	0. 0039 *** (3. 49)	0. 0040 ** (2. 41)
Lnasset	− 0. 0274 *** (− 3. 33)	− 0. 0152 *** (− 2. 67)	0. 0011 (0. 95)	0. 0018 * (1. 76)
LEV	0. 0639 * (1. 79)	− 0. 0491 * (− 1. 91)	0. 0093 ** (2. 08)	0. 0057 (1. 34)
ROA	0. 0091 (0. 23)	− 0. 0996 *** (− 3. 11)	0. 0040 (0. 68)	0. 0018 (0. 33)
Quick	0. 0392 *** (5. 21)	0. 0240 *** (3. 79)	0. 0012 * (1. 88)	0. 0002 (0. 29)
Growth	− 0. 0035 (− 0. 78)	− 0. 0045 (− 1. 53)	0. 0003 (0. 43)	0. 0016 ** (2. 27)
Outsiders	0. 0387 (0. 75)	− 0. 0317 (− 0. 77)	− 0. 0035 (− 0. 51)	0. 0127 * (1. 65)
Duality	0. 0053 (0. 80)	0. 0015 (0. 36)	− 0. 0000 (− 0. 01)	− 0. 0020 ** (− 2. 03)
LargestHolderRate	− 0. 1005 ** (− 2. 11)	0. 0514 (1. 47)	0. 0100 * (1. 77)	0. 0026 (0. 43)
MB	0. 0018 (0. 50)	− 0. 0033 (− 1. 23)	− 0. 0003 (− 0. 66)	− 0. 0015 *** (− 3. 67)
Big4	0. 0011 (0. 11)	0. 0191 * (1. 89)	− 0. 0079 ** (− 2. 45)	− 0. 0017 (− 0. 52)
MAO	0. 0276 * (1. 95)	0. 0074 (0. 99)	0. 0032 (1. 39)	0. 0027 (1. 29)
Turnover	− 0. 0000 (− 0. 04)	− 0. 0002 (− 0. 53)	− 0. 0000 (− 0. 06)	0. 0000 (0. 36)

变量	(1) Cost 低市场化	(2) Cost 高市场化	(3) TC_Supply 低市场化	(4) TC_Supply 高市场化
_cons	0.6609 *** (3.47)	0.4220 *** (3.21)	− 0.0089 (− 0.35)	− 0.0214 (− 0.94)
N	5363	5788	5662	6093
Firm FE	YES	YES	YES	YES
Year FE	YES	YES	YES	YES
Adjusted R^2	0.4167	0.4161	0.6861	0.6552
经验 p 值	0.089 *		0.320	

注：经验 p 值用于检验组间变量 $Treatprov \times Post \times NonSOE$ 系数差异的显著性，通过自体抽样（Boostrap）500 次得到。下表同。

列（1）和列（2）的被解释变量为银行贷款成本，列（1）交乘项 $Treatprov \times Post \times NonSOE$ 的回归系数在低市场化程度组在 10% 程度上显著为负，在列（2）中不显著，且列（1）回归系数的绝对值要远高于列（2）。同时，自体抽样估计的经验 p 值也表明交乘项的估计系数在不同组间存在显著差异。回归结果表明，当发生债券违约的国企所处的省份市场化程度越低时，对于缩小民企和国企之间银行贷款成本的效应越显著。列（3）和列（4）为以公司对上游提供商业信用支持为被解释变量的回归结果，交乘项 $Treatprov \times Post \times NonSOE$ 的回归系数在低市场化程度组在 5% 水平上显著为负，在高市场化程度组在 10% 水平上显著为负，但是低市场化程度组回归系数的绝对值要略高。根据自体抽样估计的经验 p 值为 0.320，交乘项的估计系数在不同组间不存在显著差异，表明民企和国企之间的商业信用供给行为不会因债券违约发生地的市场化程度而产生显著不同。本章认为这是符合经济现实的，市场化指数衡量了一个地区制度环境，对银行贷款等正式融资的影响更大，而对非正式融资的影响较弱。

表7-6进一步考虑了债券违约事件规模对民企和国企之间融资差距的影响。构建指标 *High_Default*，当债券违约事件中的单只债券违约规模高于均值时，则变量 *High_Default* 记为1，否则记为0。表7-6中的列（1）和列（2）报告了以银行贷款成本为被解释变量的回归结果。列（1）为低债券违约规模组的回归结果，交乘项 *Treatprov ×Post × NonSOE* 的回归系数不显著，列（2）为高债券违约规模组的回归结果，交乘项的回归系数在10%水平上显著为负。列（3）和列（4）报告了以公司向上游提供商业信用水平为被解释变量的回归结果。交乘项 *Treatprov ×Post ×NonSOE* 的回归系数在高债券违约规模组在1%水平上显著为负，但在低债券违约规模组不显著。为评估该交乘项在不同组间是否具有显著差异，本部分同样使用了自体抽样估计的经验 p 值，结果发现不同被解释变量在债券违约规模高低组均不存在显著差异。回归结果整体表明，地方国企债券违约事件后，受到负面冲击地区的民企和国企之间的银行贷款成本和商业信用供给情况不会因债券违约规模而产生显著差异。这可能在于地方国企业债券违约这一信号已经向市场传达了地方政府隐性担保已经受到影响的信号，国企和民企融资差距不会因债券违约规模的大小再发生显著变化。

表7-6 债券违约规模、产权性质与商业信用供给

变量	(1) Cost 低债券违约	(2) Cost 高债券违约	(3) TC_Supply 低债券违约	(4) TC_Supply 高债券违约
Treatprov ×Post × NonSOE	-0.0169 (-1.17)	-0.0250 * (-1.72)	-0.0032 (-1.38)	-0.0072 *** (-2.58)
Treatprov ×Post	0.0123 (1.30)	0.0058 (0.60)	0.0007 (0.36)	0.0034 * (1.84)
Post ×NonSOE	0.0145 * (1.78)	0.0291 *** (2.72)	0.0048 *** (3.73)	0.0024 (1.56)

续表

变量	（1） Cost 低债券违约	（2） Cost 高债券违约	（3） TC_Supply 低债券违约	（4） TC_Supply 高债券违约
Lnasset	-0.0253^{***} （-4.01）	-0.0130^{*} （-1.77）	-0.0016 （-1.58）	0.0045^{***} （3.91）
LEV	0.0412 （1.43）	-0.0278 （-0.86）	0.0106^{**} （2.54）	0.0026 （0.58）
ROA	-0.0172 （-0.50）	-0.0823^{**} （-2.22）	0.0007 （0.12）	0.0054 （0.98）
Quick	0.0369^{***} （6.03）	0.0257^{***} （3.32）	0.0011^{*} （1.75）	0.0001 （0.23）
Growth	-0.0066^{*} （-1.87）	-0.0009 （-0.24）	0.0020^{***} （2.78）	0.0001 （0.12）
Outsiders	0.0275 （0.55）	-0.0173 （-0.41）	0.0059 （0.85）	0.0053 （0.69）
Duality	0.0087 （1.63）	-0.0040 （-0.71）	-0.0009 （-1.07）	-0.0011 （-1.06）
LargestHolderRate	-0.0386 （-1.01）	0.0091 （0.20）	0.0142^{**} （2.48）	-0.0016 （-0.26）
MB	0.0023 （0.68）	-0.0038 （-1.33）	-0.0008^{**} （-2.38）	-0.0010^{*} （-1.95）
Big4	0.0045 （0.47）	0.0175 （1.47）	-0.0091^{**} （-2.54）	-0.0006 （-0.21）
MAO	0.0241^{**} （2.33）	0.0081 （0.82）	0.0040^{*} （1.93）	0.0013 （0.57）
Turnover	0.0007 （1.34）	-0.0010^{**} （-2.01）	-0.0000 （-0.38）	0.0001 （0.67）
_cons	0.5895^{***} （3.96）	0.3889^{**} （2.35）	0.0477^{**} （2.16）	-0.0796^{***} （-3.07）

变量	（1） Cost 低债券违约	（2） Cost 高债券违约	（3） TC_Supply 低债券违约	（4） TC_Supply 高债券违约
N	6042	5109	6368	5387
Firm FE	YES	YES	YES	YES
Year FE	YES	YES	YES	YES
Adjusted R^2	0.4369	0.3877	0.6811	0.6599
经验 p 值	0.420		0.290	

接下来，本部分考察了债券违约前主体信用评级预警作用对主回归结果的影响。按照第五章的方法，构建 $Treat\_False$ 指标，当债券违约前发行人主体信用评级与其发行时的主体信用评级没有差别时，即违约前并未下调评级，则指标 $Treat\_False$ 记为 1；若在债券违约发生前发行人主体信用评级下调则记为 0。表 7 - 7 中报告了基于发行人主体信用评级在违约前是否下调的分组回归结果。列（1）和列（2）的被解释变量为银行贷款成本，列（1）为主体评级未调低组的回归结果，交乘项 $Treatprov \times Post \times NonSOE$ 的回归系数显著为负，在主体评级起到预警作用组的系数虽为负但并不显著，对比两列回归系数的绝对值，也可以发现当债券主体信用评级未起到预警作用时，债券违约冲击对民企国企之间的银行贷款成本的影响更大。自体抽样估计的经验 p 值为 0.077，表明交乘项的估计系数在两组之间存在显著差异。

表 7 - 7　　　　　　　评级预警、产权性质与商业信用供给

变量	（1） Cost 评级未调低	（2） Cost 评级调低	（3） TC_Supply 评级未调低	（4） TC_Supply 评级调低
$Treatprov \times Post \times$ $NonSOE$	- 0.0245 * （- 1.79）	- 0.0033 （- 0.20）	- 0.0080 *** （- 3.26）	- 0.0012 （- 0.47）

续表

变量	(1) Cost 评级未调低	(2) Cost 评级调低	(3) TC_Supply 评级未调低	(4) TC_Supply 评级调低
Treatprov ×Post	0.0144 (1.51)	−0.0004 (−0.03)	0.0042 ** (2.41)	−0.0015 (−0.74)
Post ×NonSOE	0.0283 *** (3.38)	0.0042 (0.39)	0.0044 *** (3.55)	0.0028 * (1.72)
Lnasset	−0.0141 *** (−2.60)	−0.0247 *** (−3.02)	0.0012 (1.12)	0.0015 (1.37)
LEV	−0.0182 (−0.63)	0.0374 (1.16)	0.0075 * (1.74)	0.0074 * (1.70)
ROA	−0.0472 (−1.31)	−0.0460 (−1.28)	0.0050 (0.85)	0.0010 (0.18)
Quick	0.0168 *** (2.91)	0.0469 *** (6.16)	0.0010 (1.58)	0.0004 (0.72)
Growth	−0.0026 (−0.67)	−0.0059 * (−1.85)	0.0012 (1.49)	0.0010 (1.37)
Outsiders	0.0112 (0.30)	0.0174 (0.33)	0.0040 (0.52)	0.0059 (0.84)
Duality	0.0002 (0.04)	0.0055 (1.02)	−0.0016 * (−1.66)	−0.0003 (−0.35)
LargestHolderRate	−0.0391 (−1.26)	−0.0121 (−0.23)	0.0105 * (1.74)	0.0012 (0.21)
MB	−0.0004 (−0.11)	−0.0001 (−0.04)	−0.0011 ** (−2.37)	−0.0008 ** (−2.05)
Big4	0.0111 (1.46)	0.0133 (1.02)	−0.0049 (−1.62)	−0.0047 (−1.36)
MAO	0.0251 ** (2.24)	0.0076 (0.81)	0.0047 ** (2.22)	0.0015 (0.66)

续表

变量	(1) Cost 评级未调低	(2) Cost 评级调低	(3) TC_Supply 评级未调低	(4) TC_Supply 评级调低
Turnover	− 0.0004 (− 0.77)	0.0002 (0.46)	0.0000 (0.12)	0.0000 (0.32)
_cons	0.4250 *** (3.50)	0.5482 *** (2.90)	− 0.0118 (− 0.48)	− 0.0148 (− 0.62)
N	5356	5795	5637	6118
Firm FE	YES	YES	YES	YES
Year FE	YES	YES	YES	YES
Adjusted R^2	0.4375	0.4006	0.6841	0.6490
经验 p 值	0.077 *		0.040 **	

列（3）和列（4）报告了公司向上游提供商业信用的回归结果，交乘项 $Treatprov \times Post \times NonSOE$ 的回归系数在主体信用评级未起到预警的违约事件中，受到冲击地区民企相较于国企商业信用供给降低更加明显，在1%水平上显著。另外，自体抽样估计的经验 p 值为 0.040，表明交乘项 $Treatprov \times Post \times NonSOE$ 的估计系数在两组之间存在显著差异。

整体结果表明，债券违约前的主体信用评级预警对受到负面冲击地区民企和国企之间的融资差距缩小具有较大的影响。结合第七章第四节中公司特征关于信用评级预警作用分组回归结果，即主体信用评级预警作用对受影响地区国企的银行贷款成本并未产生显著变化，这意味着债券的主体信用评级对评估民营企业的信用风险能力要优于国有企业，换言之，投资者在投资决策过程中，民营企业的信用评级的参考价值要高于国有企业信用评级的参考价值。这使得信用评级在预警国企债券信用风险时，受限于国企债券固有的刚兑信仰，市场参与者并未有效评估和关注其风险，但是，同一区域民营企业的投资者却接收到了相应的风险信号，提前做好措施应对债券违约风险的溢出，这促使受到债券违约事件冲击地区内部民企和国企之间融资差距缩小。

四、截面检验：区域信息环境与金融资源

（一）地方政府信息环境

由于地方国企债券违约的底层逻辑在于该地区地方政府隐性担保作用被削弱，省份的特征会影响到债券违约的溢出效应的强弱，改变投资者的风险预期。本部分考察了地方政府财政信息环境对这一溢出效应的影响，地方财政信息的公开透明有利于公众了解地方政府的财务状况，有助于投资者在负面事件发生前对当地国企的债务及融资情况进行评估。借鉴张琦和方恬（2014）、谢柳芳和韩梅芳（2016）的研究，本部分使用地方政府审计报告中的审计信息披露条数衡量地方政府财政信息状况，并基于省份审计信息披露条数的中值设置变量 *High_GovInfo*，当该省份的审计信息披露条数处于均值以上时则记为 1，否则记为 0。

表 7 - 8 为基于变量 *High_GovInfo* 的分组回归结果。当被解释变量为银行贷款成本时，交乘项 *Treatprov ×Post ×NonSOE* 的回归系数在地方政府审计信息较少时在 5% 水平上显著为负，在地方政府审计信息多时系数为负，但不显著。同样，当被解释变量为商业信用供给时，交乘项的回归系数也在地方政府审计信息较少时更显著。同时，可以发现 *Treatprov ×Post ×NonSOE* 回归系数的绝对值均在地方政府审计信息少时更大。回归结果表明当地方政府的财政透明度越低时，地方国企债券违约事件导致关联地区民企与国企之间银行贷款成本和商业信用供给差距减少的幅度越明显。事实上，地方政府审计信息是地方政府对自身财政状况的自查行为，那么审计信息的披露已经向公众释放了一定程度的风险信息。如果该省份的地方政府审计信息未能有效将风险状况与公众及时、透明地沟通，那么国企债券违约事件将会使地方政府被迫向公众暴

露风险，对市场风险预期影响更大，因而资源在民企国企之间的分配结构也会有所转变。

表7-8　　地方政府审计信息、产权性质与商业信用供给

变量	(1) Cost 审计信息多	(2) Cost 审计信息少	(3) TC_Supply 审计信息多	(4) TC_Supply 审计信息少
$Treatprov \times Post \times NonSOE$	-0.0140 (-0.82)	-0.0294 ** (-1.98)	-0.0037 (-1.52)	-0.0048 * (-1.84)
$Treatprov \times Post$	0.0065 (0.51)	0.0072 (0.76)	0.0012 (0.58)	0.0022 (1.24)
$Post \times NonSOE$	0.0166 * (1.66)	0.0288 *** (2.83)	0.0037 *** (2.85)	0.0038 ** (2.42)
$Lnasset$	-0.0125 ** (-2.10)	-0.0287 *** (-3.57)	0.0003 (0.33)	0.0033 *** (2.80)
LEV	0.0165 (0.49)	0.0009 (0.03)	0.0046 (1.10)	0.0079 * (1.70)
ROA	-0.0243 (-0.65)	-0.0479 (-1.29)	0.0034 (0.68)	-0.0005 (-0.09)
$Quick$	0.0369 *** (4.42)	0.0329 *** (5.13)	0.0009 (1.54)	0.0003 (0.56)
$Growth$	-0.0086 ** (-2.37)	-0.0018 (-0.48)	0.0029 *** (3.63)	-0.0005 (-0.62)
$Outsiders$	0.0184 (0.31)	0.0022 (0.05)	0.0099 (1.15)	0.0058 (0.87)
$Duality$	0.0069 (1.00)	0.0006 (0.12)	-0.0005 (-0.60)	-0.0009 (-0.90)
$LargestHolderRate$	0.0365 (0.87)	-0.0728 (-1.56)	0.0198 *** (3.51)	-0.0031 (-0.48)

变量	(1) *Cost* 审计信息多	(2) *Cost* 审计信息少	(3) *TC_Supply* 审计信息多	(4) *TC_Supply* 审计信息少
MB	0.0026 (0.78)	−0.0020 (−0.62)	−0.0008 *** (−2.58)	−0.0009 * (−1.80)
*Big*4	0.0192 (1.18)	0.0049 (0.70)	−0.0041 * (−1.65)	−0.0043 (−1.21)
MAO	0.0017 (0.16)	0.0290 *** (2.79)	0.0032 (1.51)	0.0018 (0.78)
Turnover	0.0007 (1.27)	−0.0005 (−0.95)	−0.0001 (−0.85)	0.0001 (1.11)
_cons	0.3099 ** (2.31)	0.7191 *** (3.84)	0.0002 (0.01)	−0.0512 * (−1.92)
N	4798	6353	5086	6669
Firm FE	YES	YES	YES	YES
Year FE	YES	YES	YES	YES
Adjusted R^2	0.3879	0.4229	0.7077	0.6548

　　另外，本部分还使用地方政府数据公开情况衡量地方政府的信息环境，地方政府对政务信息数据开放的接口越多，其与公众之间的信息不对称程度越低。本章使用复旦大学数字与移动治理实验室开发的地方政府数据开放报告衡量地方政府信息环境。由于该报告始于 2017 年，本部分以 2017～2020 不同地区政府数据开放指数的平均值对各地方政府数据开放程度进行衡量，并按中值设置变量 *High_Data*，当该省份的地方政府数据公开程度处于均值以上时则记为 1，否则记为 0。

　　表 7−9 展示了分组检验的回归结果，可以发现在地方政府数据开放程度低组，即列（2）和列（4）中，交乘项 *Treatprov ×Post ×NonSOE* 的回归系数显著为负，但在地方政府数据开放高组不显著。结合表 7−8

的回归结果，整体表明，地方国有企业债券违约发生后，受到债券违约事件影响地区的地方政府信息环境越差，意味着地方政府隐性担保被削弱的幅度越大，该地区内民企和国企的银行贷款成本和商业信用供给差距缩减的幅度越大。

表 7－9　　　　地方政府数据公开、产权性质与商业信用供给

变量	(1) Cost 政府数据多	(2) Cost 政府数据少	(3) TC_Supply 政府数据多	(4) TC_Supply 政府数据少
$Treatprov \times Post \times NonSOE$	－0.0171 （－0.50）	－0.0274 ** （－2.29）	－0.0004 （－0.10）	－0.0041 * （－1.91）
$Treatprov \times Post$	－0.0098 （－0.37）	0.0149 ** （2.08）	－0.0018 （－0.49）	0.0025 * （1.66）
$Post \times NonSOE$	－0.0171 （－0.50）	－0.0274 ** （－2.29）	－0.0004 （－0.10）	－0.0041 * （－1.91）
$Lnasset$	－0.0199 *** （－2.62）	－0.0196 *** （－3.33）	0.0016 （1.32）	0.0012 （1.20）
LEV	－0.0042 （－0.13）	0.0267 （0.96）	0.0042 （1.00）	0.0100 ** （2.26）
ROA	－0.0601 （－1.62）	－0.0281 （－0.84）	0.0002 （0.03）	0.0045 （0.76）
$Quick$	0.0436 *** （5.33）	0.0207 *** （3.94）	0.0007 （1.15）	0.0006 （1.02）
$Growth$	－0.0065 * （－1.81）	－0.0027 （－0.76）	0.0021 *** （2.65）	0.0002 （0.29）
$Outsiders$	－0.0785 （－1.41）	0.0768 * （1.95）	0.0017 （0.21）	0.0090 （1.38）
$Duality$	0.0064 （0.99）	－0.0007 （－0.15）	－0.0010 （－1.08）	－0.0009 （－0.96）

变量	(1) Cost 政府数据多	(2) Cost 政府数据少	(3) TC_Supply 政府数据多	(4) TC_Supply 政府数据少
LargestHolderRate	− 0.0147 (− 0.36)	− 0.0276 (− 0.66)	0.0077 (1.32)	0.0057 (0.94)
MB	0.0004 (0.12)	− 0.0016 (− 0.54)	− 0.0010 *** (− 2.75)	− 0.0009 * (− 1.89)
Big4	− 0.0003 (− 0.03)	0.0203 * (1.86)	− 0.0008 (− 0.25)	− 0.0072 ** (− 2.19)
MAO	0.0055 (0.59)	0.0298 *** (2.73)	0.0043 ** (2.06)	0.0007 (0.30)
Turnover	− 0.0004 (− 0.69)	0.0003 (0.51)	0.0000 (0.05)	0.0000 (0.26)
_cons	0.5429 *** (3.15)	0.4589 *** (3.32)	− 0.0172 (− 0.65)	− 0.0112 (− 0.49)
N	5479	5672	5828	5927
Firm FE	YES	YES	YES	YES
Year FE	YES	YES	YES	YES
Adjusted R^2	0.3597	0.4888	0.6349	0.6928

(二) 地方金融资源

地方金融资源决定了地方政府在面临债券违约风险的承受能力和应对能力。较强的地方金融生态环境，能够及时监管防范金融风险的蔓延，还能够确保相对稳定的地方政府信用。在发生国企债券违约事件时，地方政府可以利用金融资本帮助违约发行主体偿还借款或者使用资产重组等市场化方法使债权人得到更好的赔偿，以减少债券违约风险溢出的程度。基于此，本部分从两个维度考察了区域金融资源在债券违约事件对民营国企融资差距影响中的作用。

如表 7 - 10 所示，本部分使用省份具有的上市银行数量，衡量地方政府可运用金融资源的深度和广度。为衡量省份具有的上市银行数量，本章从 CNRDS 数据库下载银行概况子库，按照银行法人一栏确定银行所属的省份，当商业银行的法人为中央机构时未将其纳入某省份中，即使该银行的注册地址在相应省份中。通过这种方法，本部分构造指标 *Listbank*。该指标的描述性统计结果显示，拥有最多上市银行是江苏省，具有 11 家银行。按照变量 *Listbank* 的样本均值，对本章主回归重新进行了分组检验。分别使用银行贷款成本和商业信用供给作为被解释变量，当公司所在区域的上市银行数量处于均值以下时，交乘项 *Treatprov* × *Post* ×*NonSOE* 的回归系数均在 5% 水平上显著为负。当公司所在区域的上市银行数量较多时，债券风险溢出效应对民企国企的融资差距不具有显著影响。同时，观察交乘项 *Treatprov* ×*Post* 的回归系数可以发现，当区域上市银行数量低时，该地区所有公司受到债券违约风险溢出效应更强，导致地区层面的银行贷款成本和商业信用供给整体大幅上升。回归结果整体表明区域金融资源对缓解国企债券违约溢出风险的重要作用。

表 7 - 10　　　区域银行数量、产权性质与商业信用供给

变量	(1) *Cost* 上市银行多	(2) *Cost* 上市银行少	(3) *TC_Supply* 上市银行多	(4) *TC_Supply* 上市银行少
Treatprov ×*Post* × *NonSOE*	- 0. 0152 (- 1. 35)	- 0. 0250 ** (- 2. 19)	0. 0004 (0. 12)	- 0. 0047 ** (- 2. 30)
Treatprov ×*Post*	0. 0066 (0. 81)	0. 0181 ** (2. 33)	- 0. 0030 (- 1. 35)	0. 0025 * (1. 68)
Post ×*NonSOE*	0. 0128 (1. 25)	0. 0247 *** (2. 99)	0. 0042 *** (2. 90)	0. 0036 *** (2. 59)
Lnasset	- 0. 0242 *** (- 2. 65)	- 0. 0166 *** (- 3. 03)	0. 0015 (1. 07)	0. 0014 (1. 53)

变量	(1) Cost 上市银行多	(2) Cost 上市银行少	(3) TC_Supply 上市银行多	(4) TC_Supply 上市银行少
LEV	0.0774 ** (2.18)	− 0.0384 (− 1.45)	0.0052 (1.02)	0.0084 ** (2.18)
ROA	− 0.0269 (− 0.62)	− 0.0665 ** (− 2.36)	− 0.0044 (− 0.66)	0.0094 * (1.95)
Quick	0.0582 *** (6.64)	0.0139 *** (2.63)	0.0010 (1.31)	0.0004 (0.81)
Growth	− 0.0066 (− 1.36)	− 0.0029 (− 0.99)	0.0014 (1.57)	0.0009 (1.39)
Outsiders	− 0.0301 (− 0.51)	0.0381 (0.98)	0.0015 (0.19)	0.0081 (1.17)
Duality	0.0064 (0.99)	− 0.0001 (− 0.01)	− 0.0001 (− 0.05)	− 0.0015 * (− 1.92)
LargestHolderRate	− 0.0350 (− 0.74)	− 0.0159 (− 0.42)	0.0050 (0.69)	0.0079 (1.52)
MB	0.0016 (0.42)	− 0.0016 (− 0.63)	− 0.0010 ** (− 2.26)	− 0.0009 ** (− 2.15)
Big4	0.0026 (0.22)	0.0154 (1.49)	− 0.0003 (− 0.08)	− 0.0076 *** (− 2.58)
MAO	0.0294 ** (2.42)	0.0078 (0.90)	0.0035 (1.37)	0.0025 (1.28)
Turnover	− 0.0005 (− 0.76)	0.0003 (0.75)	− 0.0000 (− 0.11)	0.0000 (0.41)
_cons	0.5475 *** (2.65)	0.4573 *** (3.55)	− 0.0131 (− 0.42)	− 0.0165 (− 0.82)
N	4733	6418	5016	6739
Firm FE	YES	YES	YES	YES
Year FE	YES	YES	YES	YES
Adjusted R^2	0.3957	0.4424	0.6260	0.6947

另外，本部分还从银行注册资本角度衡量了区域金融体系的辐射能力和抵御风险的能力：按照商业银行的法人确定了商业银行的归属地，设置指标 *BankCap*，该指标通过加总省份内所有银行的注册资本，并使用省份的 GDP 进行标准化处理。下面按照指标 *BankCap* 样本均值对主回归的结果进行分组检验，结果如表 7 – 11 所示。

表 7 – 11　　　　区域银行资本、产权性质与商业信用供给

变量	(1) Cost 银行资本高	(2) Cost 银行资本低	(3) TC_Supply 银行资本高	(4) TC_Supply 银行资本低
Treatprov ×Post ×NonSOE	− 0.0298 (− 1.31)	− 0.0158 (− 1.33)	0.0004 (0.13)	− 0.0061 ** (− 2.51)
Treatprov ×Post	0.0251 ** (2.03)	0.0036 (0.49)	− 0.0032 (− 1.45)	0.0048 *** (2.69)
Post ×NonSOE	0.0208 ** (2.19)	0.0207 ** (2.55)	0.0033 *** (2.78)	0.0038 ** (2.18)
Lnasset	− 0.0236 *** (− 2.79)	− 0.0167 *** (− 3.25)	0.0015 (1.37)	0.0014 (1.28)
LEV	0.0524 (1.59)	− 0.0508 * (− 1.94)	0.0076 * (1.84)	0.0082 * (1.78)
ROA	− 0.0264 (− 0.70)	− 0.0745 ** (− 2.38)	− 0.0008 (− 0.14)	0.0082 (1.43)
Quick	0.0494 *** (6.33)	0.0098 ** (2.11)	0.0008 (1.24)	0.0006 (1.12)
Growth	− 0.0048 (− 1.23)	− 0.0037 (− 1.13)	0.0008 (1.05)	0.0014 * (1.76)
Outsiders	− 0.0182 (− 0.38)	0.0402 (0.99)	− 0.0006 (− 0.09)	0.0140 (1.63)
Duality	0.0062 (1.07)	− 0.0009 (− 0.20)	0.0003 (0.36)	− 0.0030 *** (− 2.96)

变量	(1) Cost 银行资本高	(2) Cost 银行资本低	(3) TC_Supply 银行资本高	(4) TC_Supply 银行资本低
LargestHolderRate	-0.0518 (-1.12)	0.0143 (0.38)	0.0062 (1.11)	0.0058 (0.91)
MB	0.0023 (0.70)	-0.0038 (-1.39)	-0.0007 * (-1.95)	-0.0012 ** (-2.27)
Big4	0.0007 (0.09)	0.0344 * (1.92)	-0.0052 * (-1.74)	-0.0023 (-0.62)
MAO	0.0233 ** (2.29)	0.0119 (1.18)	0.0037 * (1.72)	0.0016 (0.74)
Turnover	-0.0002 (-0.39)	0.0003 (0.68)	0.0000 (0.50)	-0.0000 (-0.41)
_cons	0.5672 *** (2.89)	0.4542 *** (3.91)	-0.0170 (-0.67)	-0.0151 (-0.63)
N	6548	4603	6937	4818
Firm FE	YES	YES	YES	YES
Year FE	YES	YES	YES	YES
Adjusted R^2	0.4051	0.4365	0.6528	0.6862

当公司所在省份的银行注册资本比较低时，关键变量 *Treatprov* × *Post* ×*NonSOE* 的回归系数在以公司信用供给 *TC_Supply* 作为被解释变量时，在5%水平上显著为负，但在以银行贷款成本作为被解释变量时不显著。笔者认为这可能是因为地方商业银行的财务实力和经营规模与地方政府紧密相连。同时，相较于非正式融资，通过正式融资方式从地方金融体系获得资金受到更为严格的监控，而民企在以正式融资方式获取资金时处于劣势地位，这使国有企业债券违约的风险溢出效应并未导致受影响地区的国企和民企之间获得贷款规模有显著差别。

结合表7-10与表7-11的回归结果，该部分整体表明国有企业债券违约发生后，受到债券违约事件影响地区的地方政府运用金融资源能力越弱，国企债券违约的风险溢出效应越强，该地区内民企和国企的银行贷款成本和商业信用供给差距越小。

五、稳健性检验

本部分进行了以下稳健性测试。

首先，本章替换了银行贷款成本的衡量方式，使用变量 $Cost2$，该变量为利息支出与有息负债的比重，回归结果报告在表 7 – 12 的列（1）中，交乘项 $Treatprov \times Post \times NonSOE$ 的回归系数依然在 10% 水平上显著为负。

表 7 – 12　　　　　　　　　　稳健性检验 1

变量	（1） Cost2	（2） Cost	（3） TC_Supply	（4） Cost	（5） TC_Supply
$Treatprov \times Post \times$ $NonSOE$	－ 0. 0153 * （－ 1. 68）	－ 0. 0212 ** （－ 2. 15）	－ 0. 0032 * （－ 1. 83）	－ 0. 0200 * （－ 1. 85）	－ 0. 0047 ** （－ 2. 55）
$Treatprov \times Post$	0. 0100 * （1. 65）	0. 0111 * （1. 69）	0. 0006 （0. 45）		
$Post \times NonSOE$	0. 0161 *** （3. 15）	0. 0225 *** （4. 00）	0. 0022 ** （2. 45）	0. 0218 *** （3. 13）	0. 0033 *** （3. 23）
$Lnasset$	－ 0. 0187 *** （－ 4. 86）	－ 0. 0195 *** （－ 4. 32）	0. 0014 ** （1. 96）	－ 0. 0205 *** （－ 4. 26）	0. 0014 * （1. 78）
LEV	0. 0225 （1. 32）	0. 0247 （1. 31）	0. 0081 *** （2. 91）	0. 0133 （0. 61）	0. 0066 ** （2. 15）
ROA	－ 0. 0231 （－ 1. 15）	－ 0. 0371 * （－ 1. 66）	0. 0027 （0. 75）	－ 0. 0444 * （－ 1. 76）	0. 0021 （0. 52）
$Quick$	0. 0405 *** （9. 45）	0. 0357 *** （7. 60）	0. 0008 ** （2. 12）	0. 0321 *** （6. 60）	0. 0007 （1. 54）

变量	(1) Cost2	(2) Cost	(3) TC_Supply	(4) Cost	(5) TC_Supply
Growth	−0.0048 ** (−2.31)	−0.0042 * (−1.85)	0.0010 ** (2.18)	−0.0039 (−1.49)	0.0010 * (1.94)
Outsiders	0.0269 (0.98)	0.0127 (0.43)	0.0102 ** (2.05)	0.0048 (0.14)	0.0062 (1.19)
Duality	0.0030 (0.92)	0.0032 (0.92)	−0.0009 (−1.40)	0.0034 (0.86)	−0.0010 (−1.43)
LargestHolderRate	−0.0461 * (−1.90)	−0.0197 (−0.68)	0.0041 (1.07)	−0.0194 (−0.63)	0.0063 (1.50)
MB	0.0007 (0.40)	0.0002 (0.08)	−0.0009 *** (−3.13)	−0.0005 (−0.24)	−0.0010 *** (−3.27)
Big4	0.0137 ** (2.13)	0.0088 (1.44)	−0.0041 ** (−2.28)	0.0111 (1.39)	−0.0047 ** (−2.00)
MAO	0.0148 *** (2.59)	0.0130 ** (2.07)	0.0015 (1.14)	0.0172 ** (2.35)	0.0027 * (1.79)
Turnover	−0.0001 (−0.40)	−0.0002 (−0.55)	−0.0000 (−0.50)	−0.0000 (−0.11)	0.0000 (0.22)
_cons	0.4594 *** (5.20)	0.4786 *** (4.58)	−0.0169 (−1.04)	0.5181 *** (4.51)	−0.0104 (−0.61)
N	11123	12649	13350	11151	11755
Firm FE	YES	YES	YES	YES	YES
Year FE	YES	YES	YES	YES	YES
Province ×YearFE	NO	NO	NO	YES	YES
Adjusted R^2	0.3771	0.4411	0.6652	0.4152	0.6700

其次，本章变换了控制组的选择方式。考虑到邻近省份的资源禀赋和产业结构较为相近，主检验采取邻近省份的企业作为控制组进行三重差分的检验。为使结果更加稳健，基于匹配变量省份人均 GDP（gdp）

和省份的财政状况（$fina$），本部分采用省份特征匹配的方式使用广义精确匹配法为实验组重新选取控制组。变量 gdp 为该地区生产总值与该地区常住人口数之比，变量 $fina$ 为该地区一般财政收入与一般财政支出之比。匹配后，这两个匹配变量在控制组和实验组之间不具有显著差别。列（2）和（3）报告了基于新的控制组，分别以银行贷款成本和公司信用供给的回归结果，$Treatprov \times Post \times NonSOE$ 回归系数的绝对值略低于主检验表 7 - 3 的回归结果，但均至少在 10% 水平上显著为负。

　　最后，考虑到省份随时间变化的系统性差异可能影响债券违约事件对不同省份公司融资情况的影响，故在模型（7.2）的基础上，我们进一步引入省份与年份交互项作为固定效应。在回归过程中，变量 $Treatprov \times Post$ 的回归系数因该固定效应的引入而进一步被吸收，列（4）和列（5）报告了这一回归结果。交乘项 $Treatprov \times Post \times NonSOE$ 的回归系数依然显著，表明本章所检验的因果关系是稳健的。

　　由于回归样本中同时囊括国企和民营企业，而本章考虑的事件冲击依然为地方国有企业。虽然样本中剔除了所有发生过债券违约的上市公司样本，但是民营企业债券违约可能也会有相应的风险溢出路径，那么本章所检验的结果可能受到这一因素的影响，即民企国企的融资成本差距变化不是由国企债券违约事件导致的，而是可能由民企债券违约事件引发的。基于此，本部分按照 Wind 数据上下载的企业首次违约事件报表，识别不同省份民营企业首次发生信用债违约的日期。需要注意的是，由于私募债的发行场所一般是封闭的，只针对指定投资者进行定向发行，是一种小规模的债券工具，债券违约的传染半径较小。因此，本书在识别各省份出现首只民企债券违约事件时，不考虑私募债违约事件。通过此种方法，在样本期 2014～2020 年内共有 22 个省份发生过民营企业债券违约。基于民营企业的债券违约事件，本部分重新构造了代表实验组变量和时间变量交互项 $Treatprov \times Post$，并进一步与公司产权性质变量交乘，使用模型（7.2）重新回归，结果如表 7 - 13 所示。无论有无添加控制变量，列（1）～列（4）中交乘项 $Treatprov \times Post \times Non$-

地方国企债券风险溢出的双重效应研究

SOE 的回归系数均不显著，表明民营企业债券违约并不会引发民企和国企之间的融资差距的变化，排除了民营企业债券违约对本章结果的干扰。

表 7 – 13　　　稳健性检验 2：排除民营企业债券违约事件影响

变量	(1) Cost	(2) Cost	(3) TC_Supply	(4) TC_Supply
Treatprov ×Post × NonSOE	− 0. 0002 (− 0. 02)	0. 0053 (0. 81)	0. 0012 (1. 20)	0. 0008 (0. 77)
Treatprov ×Post	0. 0003 (0. 06)	− 0. 0033 (− 0. 62)	− 0. 0003 (− 0. 33)	− 0. 0000 (− 0. 03)
Lnasset		− 0. 0189 *** (− 4. 18)		0. 0014 ** (2. 00)
LEV		0. 0261 (1. 39)		0. 0081 *** (2. 93)
ROA		− 0. 0396 * (− 1. 76)		0. 0024 (0. 67)
Quick		0. 0357 *** (7. 59)		0. 0008 ** (2. 14)
Growth		− 0. 0045 ** (− 1. 99)		0. 0010 ** (2. 13)
Outsiders		0. 0107 (0. 36)		0. 0101 ** (2. 03)
Duality		0. 0033 (0. 95)		− 0. 0009 (− 1. 37)
LargestHolderRate		− 0. 0271 (− 0. 94)		0. 0034 (0. 88)
MB		0. 0001 (0. 06)		− 0. 0009 *** (− 3. 08)

174

续表

变量	(1) Cost	(2) Cost	(3) TC_Supply	(4) TC_Supply
Big4		0.0082 (1.35)		− 0.0042 ** (− 2.33)
MAO		0.0136 ** (2.16)		0.0016 (1.16)
Turnover		− 0.0001 (− 0.46)		− 0.0000 (− 0.44)
_cons	0.0886 *** (12.13)	0.4630 *** (4.42)	0.0224 *** (20.09)	− 0.0179 (− 1.09)
N	13692	13692	14427	14427
Firm FE	YES	YES	YES	YES
Year FE	YES	YES	YES	YES
Adjusted R^2	0.4222	0.4403	0.6621	0.6647

第五节　进一步检验

本章前述部分探究了相较于未发生债券违约地区，发生国企债券违约地区内民企和国企融资差距的变化情况。那么这一差距是由该区域国企融资成本相对上升，还是由民企融资成本相对下降导致的呢？结合第六章的检验内容，已经发现发生债券违约地区国企的融资成本要高于未发生债券违约地区国企融资成本。因此，在进一步检验中，本部分考察了相较于未发生债券违约地区的民企，发生国企债券违约地区的民企银行贷款和商业信用供给情况如何变化。

参照第六章的研究设计，为比较民营企业的融资变化情况，本部分将样本限制在所有产权性质为民企的样本上。同样，根据国企债券违约事件，使用未发生债券违约的邻近省份民企作为控制组，回归结果如表 7 – 14 所示。

表 7 – 14　　　　　国企债券违约对民企的溢出效应

变量	(1) Cost	(2) Debt	(3) TC_Supply	(4) TC_Cust
Treatprov ×Post	− 0.0090 (− 1.13)	0.0133 * (1.78)	− 0.0026 ** (− 2.11)	− 0.0027 (− 0.58)
Lnasset	− 0.0242 *** (− 3.59)	0.0028 (0.45)	0.0023 ** (2.26)	− 0.0186 *** (− 4.21)
LEV	0.0072 (0.26)	0.4052 *** (17.32)	0.0049 (1.31)	0.0752 *** (4.29)
ROA	− 0.0683 ** (− 2.32)	− 0.0288 (− 1.09)	− 0.0015 (− 0.33)	0.0267 (1.22)
Quick	0.0301 *** (5.59)	− 0.0073 ** (− 2.41)	0.0006 (1.16)	0.0091 *** (4.02)
Growth	− 0.0078 ** (− 2.37)	− 0.0093 *** (− 2.84)	0.0013 * (1.90)	0.0024 (0.93)
Outsiders	− 0.0436 (− 0.86)	− 0.0617 (− 1.28)	0.0062 (0.82)	− 0.0417 (− 1.24)
Duality	0.0077 (1.55)	0.0085 * (1.77)	− 0.0012 (− 1.44)	− 0.0029 (− 0.90)
LargestHolderRate	− 0.0455 (− 1.03)	0.0039 (0.11)	0.0071 (1.31)	− 0.0047 (− 0.18)
MB	− 0.0003 (− 0.13)	− 0.0020 (− 1.00)	− 0.0006 * (− 1.87)	0.0013 (0.90)
Big4	0.0074 (0.64)	− 0.0117 (− 0.45)	− 0.0032 (− 1.31)	− 0.0202 (− 1.56)
MAO	0.0142 * (1.66)	− 0.0519 *** (− 5.64)	0.0018 (1.00)	− 0.0043 (− 0.63)

续表

变量	(1) Cost	(2) Debt	(3) TC_Supply	(4) TC_Cust
Turnover	−0.0002 (−0.50)	−0.0005 (−1.12)	−0.0000 (−0.20)	0.0005 * (1.91)
_cons	0.5947 *** (3.85)	0.0232 (0.17)	−0.0354 (−1.57)	0.5593 *** (5.78)
N	7032	7200	7514	6064
Firm FE	YES	YES	YES	YES
Year FE	YES	YES	YES	YES
Adjusted R^2	0.3976	0.6405	0.6411	0.8210

列（1）~列（4）为分别以银行的贷款成本、银行贷款规模、向上游提供商业信用供给、向下游提供的商业信用供给为被解释变量的回归结果。交互项 $Treatprov \times Post$ 的回归系数在列（1）和列（4）中不显著，在列（2）中在10%水平上显著，在列（3）中在5%水平显著为负，这表明相较于未发生债券违约地区的民企，发生国企债券违约地区的银行贷款成本并未显著下降，银行贷款规模轻微上升，向上游提供的商业信用支持大幅下降。

考虑到在表7-3及表7-4中报告的主回归检验结果，表明债券违约发生地区国企民企银行贷款成本的相对缩小主要在于该地区国企银行贷款成本的相对上升，而非由民企银行贷款成本相对下降导致。另外，考虑被解释变量为公司向上游企业提供商业信用支持的检验结果，表明国企民企商业信用支持差距相对缩小则主要在于民企提供的商业信用供给减少所致，而非国企的商业信用供给增加导致①。

整体回归结果表明，地方国企债券违约事件引发该地区国企和民企

---

① 在第六章节的进一步检验中，本书也考察了债券违约后该地区国企向上游提供商业信用供给的情况，无论有无添加控制变量，交互项 $Treatpost$ 的回归系数均不显著，结果未报告。

在地区内部获取资源的结构发生转变，相较于从正式融资获取的银行贷款，非正式融资活动中的商业信用供给状况结构改变更为彻底，这使产业链上的民营企业的地位相对上升。

第六节　本章小结

无论在研究理论还是中国的现实场景中，因产权性质差异在融资过程中面临信贷歧视现象一直是一个经典且重要的问题。本章基于地方国企债券违约下地方政府隐性担保预期削弱这一研究逻辑，使用三重差分方法，探究相较于未发生国企债券违约地区，发生国企债券违约地区国企和民企融资情况的变化。使用银行贷款成本衡量公司的正式融资情况，本章发现，相较于未发生国有企业债券违约的地区，发生债券违约地区民营和国企的银行贷款成本差距下降。基于公司向上游提供的商业信用支持衡量非正式融资情况发现，相较于未发生国企债券违约地区，发生债券违约地区民营和国企商业信用供给差距缩小。基于国企债券违约事件的特征进行分组检验发现，当发生国企债券违约地区的市场化程度越低，或债券违约前信用评级未起到预警作用时，国企债券违约事件引发的民企国企银行贷款成本差距以及商业信用供给差距下降越明显，但是债券违约的规模并不对这一效应的强弱产生显著影响。基于省份的地方政府信息环境和金融资源进行分组检验发现，当地方政府的财政透明度越低或地方政府数据公开程度越低时，国企债券违约事件导致关联地区民企与国企之间银行贷款成本和商业信用供给差距减少的幅度越明显。当地区内部拥有的上市银行数量越低或运用的金融资本越低时，相较于未发生债券违约地区，发生国企债券违约地区的民企与国企之间银行贷款成本和商业信用供给差距减少的幅度越明显。同时，本章的结果满足三重差分平衡趋势假定，使用替换变量、变换控制组、增加省份时间交互固定效应、考虑民营企业债券违约事件风险溢出效应的干扰因素后，本章的结果依然稳健。

另外，基于进一步检验的内容，本章发现国企债券违约事件引发的地区内部民企和国企之间银行贷款成本缩小，主要是因为该地区国企银行贷款成本相较其他地区国企贷款成本的上升，而民企的贷款成本并未相对下降。但是在考察商业信用供给情况时，本章发现国企债券违约下地区内部民企和国企之间商业信用供给差距的下降，主要是因为该地区民企相对其他地区民企商业信用供给水平下降。同时，本书也证明这种商业信用供给水平的相对下降并非在于发生债券违约地区的民企在流动性缩紧下减少商业信用供给，而是国企债券违约后，产业链上民企相对国企的地位上升导致。另外，本章也发现虽然发生国企债券违约事件地区内部民企和国企的融资差距相对缩小，但是从民营企业整体层面来看，债券违约发生后民营企业的银行贷款成本和商业信用供给水平均显著增加，这表明国企债券发生违约后流动性风险被转嫁到民营企业身上，在金融市场上，民企的信用状况依然相对脆弱，相较国企的信用风险依然较高，在供应链的商业信用融资地位依然较弱。

整体而言，本章研究结果考察了地方国企债券违约事件下地方政府隐性担保被削弱后，资源在地区内部国企和民企之间结构分配的相对变化，证明国企债券违约虽然具有风险溢出效应，但使地区内部信贷成本和商业信用资源在国有企业和民营企业上的分配更加公平。这表明国企债券违约事件，使得债券违约地的风险逐步释放，倒逼该地区在产权性质上资源配置的改革。这体现在该地区国企的银行贷款成本更加符合市场化定价机制，地方政府隐性担保所起到的定价作用逐渐减弱；该地区民企向国企提供的商业信用支持下降，国企通过商业信用将流动性风险转嫁给民企的效应下降。

本章的结果可能具有以下启示。

对地方政府来说，首先，可以在风险管控范围内逐步推行实现债券违约市场化机制，这有利于促进融资市场的健康发展，使得资产定价逐渐符合市场化定价机制，提高投资者的投资效率。其次，债券违约市场化有助于缓解信贷歧视问题，改善企业的融资效率。国有企业是我国社会主义市场体系的基石，民营企业是我国社会主义市场经济体系的重要力量，地方政府需加大政策支持力度缓解民企和国企之间的融资差距，消除民企在获取资源或行业准入等方面的隐性条款。最后，地方政府需提升财政信息透明度和政府政务等信息的公开程度，降低公众和地方政府之间的信息不对称程度，以缓解在公共危机事件发生后公众的恐慌程度和风险预期的快速演化，避免流动性挤兑问题的发生。

此外，本章的结果为国企改革市场化提供了经验证据，市场化是深化国有企业改革的基本原则。要加快推进资本市场化改革，坚持把市场在资源配置中的决定性作用发挥到位，把政府在资源配置中的指导性作用发挥到位，增强市场机制对企业生产经营和运行调节作用，使企业更加灵活地适应市场变化，增强发展活力，提升企业自主绩效。

第八章

研究结论与启示

第一节　研究结论

本书基于关系网络中的风险溢出理论，借助地方国有企业债券违约事件的渐进发生，依循地方政府隐性担保预期逐渐被削弱的根本逻辑，探究债券违约风险通过同一实际控制人的风险溢出路径，对关联公司的信贷融资情况以及资源在产权性质之间的配置结构的影响。本书基于2014～2020年的研究样本，分别以债券市场、股票市场上的国资委控制地方国企作为研究对象，系统考察了地方国有企业债券违约风险的形成逻辑、溢出路径，以及对资产定价机制和配置效率的作用效果。本书的研究有助于加深对地方国有企业债券违约溢出效应的理解，为债券违约市场化机制的逐步推广和实施提供了经验证据。

第一，地方国有企业债券违约溢出效应。本部分主要基于三个研究场景考察经由同一实际控制人的风险溢出效应是否存在。首先，基于债券一级市场的发行情况，本章发现当某一地方国资委控制的国企首次发生债券违约后，该地方国资委控制的其他非金融类企业在债券一级市场上推迟或取消发行债券的季度规模和季度支数均显著增加。其次，基于股票市场的短期市场反应，本章发现国企债券违约风险会溢出到股票市场中该地方国资委控制的其他上市公司（"关联公司"）上，关联公司在债券违约日的累积异常股票收益率显著下降，且随时间推移短期内无法完全修复。最后，本章考察了地方国企债券违约风险对关联公司舆论关注的影响。基于渐进双重差分估计方法，使用 2014～2020 年地方国资委控制的 A 股上市公司作为研究样本，发现地方国有企业债券违约事件发生后，关联公司的媒体报道数量、负面媒体报道数量及比例均显著上升。根据债券违约事件的特征分组检验发现，当发生债券违约的国企所属的地方国资委位于市场化指数较低的地区，或当债券违约事件的违约规模越大时，关联公司媒体关注增加的幅度更为明显；但是，债券主体信用评级是否起到预警作用，对关联公司受到债券违约风险溢出效应程度的影响没有显著差异。根据关联公司的特征分组检验发现，当关联公司的经营风险越高，或代理问题越严重时，关联公司受到债券违约事件风险溢出的影响越大。该部分基于这三个研究场景印证了国有企业债券违约风险通过同一实际控制人进行风险溢出的路径，表明地方国有企业债券违约会削弱地方政府的隐性担保。

第二，地方国有企业债券违约溢出与银行贷款。本部分在证实同一实际控制人的债券违约风险溢出路径真实存在后，进一步考察关联公司的银行贷款成本是否发生改变。通过双重差分模型实证检验发现：首先，地方国企债券违约事件的渐进发生，使得关联公司的银行贷款成本显著上升。其次，在截面检验中，当造成负面冲击的国企债券违约事件所处地区的市场化程度越低，债券违约事件的违约规模越大，关联公司银行贷款成本上升的幅度越大，但违约债券的信用评级是否起到提前预警作用时对银行贷款成本上升幅度没有显著影响。根据债券违约事件的截面检验也辅助证明经由国资委实际控制人构成的传染效应是真实存在的。再次，从关联公司的风险特征出发，当关联公司的信用风险和经营风险越高时，关联公司的银行贷款成本增幅也会更大。最后，当公司所处的行业竞争度越低或地方政策优惠越多时，与地方政府信用联系越紧密，债券违约溢出效应对银行贷款成本增幅也会上升。在进一步检验中，该章考察了债券违约事件后关联公司债券发行的信用利差的情况，发现关联公司的债券发行成本也会显著上升。另外，本章也关注了关联公司银行贷款规模的情况，发现地方政府隐性担保被打破后，关联公司的银行贷款规模并未缩减。

第三，地方国有企业债券违约溢出与资源配置效率。该章通过衔接第五章的实证结果，进一步考察了发生国企债券违约地区内部资源在不同产权性质间配置是否更加公平。基于三重差分的估计模型，探究相较于未发生国企债券违约地区，发生国企债券违约地区国企和民企融资差距的变化。本章发现，相较于未发生国有企业债券违约的地区，发生债券违约地区民营和国企的银行贷款成本差距下降，民营和国企商业信用供给差距缩小。基于国企债券违约事件的特征进行分组检验，发现当发生国企债券违约地区的市场化程度越低，或债券违约前信用评级未起到预警作用时，国企债券违约事件引发的民企国企银行贷款成本差距以及商业信用供给差距下降越明显，但是债券违约的规模并不对这一效应的强弱产生显著影响。基于省份的地方政府信息环境和金融资源进行分组检验，发现当地方政府信息环境越差或可运用的金融资源越少时，国企债券违约事件导致关联地区民企与国企之间银行贷款成本和商业信用供给差距减少的幅度越明显。基于进一步检验的内容，这部分发现国企债券违约事件引发的地区内部民企和国企之间银行贷款成本缩小，主要在于该地区国企银行贷款成本的相对上升，而民企的贷款成本并未相对下降。但是在考察商业信用供给情况时，该章发现国企债券违约下地区内部民企和国企之间商业信用供给差距的下降，主要在于该地区民企相对其他地区民企商业信用供给水平下降。

第二节　研究贡献

一、理论价值

第一，本书完善了中国债券违约事件信用风险溢出效应的研究，为实体经济间的风险溢出理论提供了经验证据。已有文献从行业、地区层面探究了中国信用债违约事件的溢出效应对公司信用利差和信息质量的影响（张春强等，2019；宁博等，2020；陶然和刘峰，2021；杨璐和方静，2021；王茹婷等，2022；蔡庆丰和吴奇艳，2022），但是对于通过同一实际控制人层面债券违约风险溢出路径还未关注。另外，仅有少量文献区分国企债券违约和民企债券违约事件的不同，考察国企债券违约事件在地区间溢出效应对债券发行利差或投资效率的影响（王叙果等，2019；Jin et al.，2022），但研究结论并不一致。同时，已有关于债券违约风险溢出的文献更多地关注了债券违约产生的负面后果，如公司的盈余管理程度增加、债券发行利率上升等，但债券违约本应为资本市场健康运转的应有之义。本书以同一实际控制人作为风险溢出路径，证明了地方国企债券违约会削弱该地区的地方政府隐性担保作用的理论逻辑，综合考察了这一债券违约风险溢出效应下，公司在债券市场的发行情况、公司在股票市场上的短期市场反应、公司舆论关注度变化、公司信贷资源获取能力，以及民企与国企之间的资源配置结构状况，更为全面、系统、客观地证明了一条新的地方国有企业债券违约风险溢出路径及背后逻辑，同时指出地方国企债券违约有利于改善国企民企之间资源配置结构失衡的问题，倒逼资源优化配置，扩展了国企债券违约的新内涵。

第二，本书扩展了企业融资影响因素的研究。以往文献主要从融资需求侧出发，集中探讨了公司治理特征、信息质量、产权性质等自身特征发生变化对于公司获取信贷资源或商业信用水平的影响（Armstrong et al.，2010；余明桂和潘红波，2010；于蔚等，2012；陈汉文和周中胜，2014；郑登津和闫天一，2016）。本书从融资供给侧出发，借助国有债券刚性兑付打破事件，考察宏观信用风险环境发生变化后，债权人的信贷提供意愿是否发生变化，如何影响对公司的信贷资源供给水平和成本，更加完整客观地理解企业债务融资决策的驱动因素。

第三，本书丰富了资本市场资源配置效率的研究，以往文献主要从公司产权性质、代理成本、信息质量或地方政府干预等因素探讨了对资本市场资源配置效率的负面影响（潘红波等，2008；唐雪松等，2010；张敏等，2010；王文甫等，2014；Whited and Zhao，2021），或从宏观政策出台角度考察利率市场化改革、产业政策等对资源配置效率的提升作用（何熙琼等，2016；刘莉亚等，2017；刘海明和曹廷求，2018）。本书从中国金融去杠杆的制度背景出发，借助国企债券刚性兑付打破事件，探究改革过程中地方政府隐性担保"由内打破"而非宏观政策"由外打破"如何影响国企与民企资源配置结构，扩展了资本市场资源配置效率影响因素的研究。

二、现实意义

本书的研究结果可能具有以下现实意义。

第一，我国处于经济转型的主要时期，在改革过程中必然会因正式制度的长期缺位、投资者风险报酬意识的长期错配，而在经济稳定增长和金融去杠杆过程中出现短期矛盾，在地方政府隐性担保预期被逐渐打破的当下，本书有助于理解地方国有企业债券违约形成逻辑及风险溢出路径，通过全面考察市场参与方的反应，帮助政策制定者把握改革期中的重点风险问题，并明确债券违约发生后的政府角色，对于政府妥善化解债券风险具有重要参考意义。

第二，本书为监管者识别、预防和管控区域性金融风险提供了参考。本书的研究结果表明了地方国企债券违约事件的双重效应，债券违约市场化有助于缓解信贷歧视问题，使得资产定价回归市场机制，改善企业的融资效率。在风险管控范围内，逐步推行实施债券违约市场化机制，有利于促进融资市场的健康发展，有助于全面客观地评估地方国企债券违约的成本与收益。

　　第三，本书的研究有助于股东、债权人等利益相关者识别债券违约频发下的潜在风险公司，优化信贷供给、授权标准和商业信用供给水平。市场参与者需关注国有企业债券违约风险的跨市场溢出效应。在制定投资或经营决策时，对公司经营状况、治理结构等公司基本面指标予以重视，降低地方政府隐性担保在投资决策中的考虑比重。同时，及时监测和评估公司自身及关联企业的信用状况和偿债能力，在宏观流动性收紧的情况下采取有效的预防措施。

　　第四，本书对于深化国有企业改革具有一定启示。监管方应该加快完善国资监管体系，推动"管资产"向"管资本"转变，减弱国有企业与地方政府信用的"捆绑关系"，优化企业的治理体系，并按照治理结构确定国有企业履职人员的职权，推进决策权配置合理化，提升企业运营的制度化水平。

第三节　研究启示

　　本书的研究结果表明了地方国企债券违约事件的双重效应，以往文献更多单纯考察债券违约的负面后果，但债券违约本应是金融市场健康运转的标志，是金融市场市场化的应有之义。本书的结果可能具有以下四点启示。

　　对地方政府来说，首先，可以在风险管控范围内逐步推行实现债券违约市场化机制，这有利于促进融资市场的健康发展，使得资产定价逐渐符合市场化定价机制，提高投资者的投资效率。其次，债券违约市场化有助于缓解信贷歧视问题，改善资源在产权性质之间的配置效率。国有企业是我国社会主义市场体系的基石，民营企业是我国社会主义市场经济体系的重要力量，地方政府需加大政策支持力度缓解民企和国企之间的融资差距，消除民企在获取资源或行业准入等方面的隐性条款。最后，地方政府需提升财政信息透明度，和政府政务等信息的公开程度，降低公众和地方政府之间的信息不对称程度，以缓解在公共危机事件发生后公众的恐慌程度和风险预期的快速演化，避免流动性挤兑问题的发生。

从监管方角度来说，需充分认识到国企债券违约事件的双面性，牢牢把控住风险防范的底线，提前做好风险防控管理机制，杜绝债券违约风险进一步蔓延转化，从而出现系统性风险。同时，积极探索债券违约市场化机制，加快完善债券违约的长效处置机制，使用市场化、法治化原则妥善化解债券违约风险，这有助于提高违约资产的流动性和市场价值，发挥市场在资源配置效率上的重要作用。

从市场参与者角度来说，需增强风险意识，形成债券违约市场化机制逐步推行的预期。投资者在投资决策时加大对公司经营状况、偿债能力、内部治理等基本面情况的关注。债券的承销商、信用评级机构、受托管理人等第三方中介机构需加强自身专业水平和道德素养，关注债券发行人的财务状况和信用风险，及时向投资者提供债券发行人相关信息，避免因自身道德风险而导致债券违约事件发生。

从国企角度来说，首先，进一步优化治理体系，要着力改善国有企业的治理结构和管理机制，建立合理的控制权结构，完善公司治理融资体系和激励与监督机制，加强企业风险的警示与健康管理，提高企业管理水平，增强企业核心竞争力。其次，要在国有企业改革中建立健全有效、灵活的政府管理机制，强化行政职权责任和企业管理职能，完善和改进国有资产投资管理、公司经营管理、融资管理等管理制度，进一步完善科学决策机制，合理划分政府和企业之间的职责。

最后，加强国有资产管理。要强化国有资产的管理，整合和调整国有资产的结构，完善国有财产企业收益分配机制，提高资产的使用效率，实现企业经营的可持续发展，使得以国有经济为主导的中国经济巨轮行稳致远。

第四节　研究局限与未来展望

本书从债券市场、股票市场两个场景，微观企业和宏观区域两个视角，对地方国有企业债券违约风险溢出效应进行理论分析和实证检验。本书意在使用地方国企债券违约表征地方政府隐性担保被削弱，发现国有企业债券违约具有两面性：国有企业债券违约的确会有风险溢出，这使得企业在债券市场和股票市场上融资受阻；但是，债券违约风险的释放使区域内部国企和民企之间的融资差距缩小，促进了风险资产定价的市场化。受限于数据的可得性和研究思路的构建，本书的研究可能存在一些局限性，这也为后续的研究提供了一些方向。

第一，本书无法完全排除由其他途径的债券违约风险溢出效应的影响。本书主要考察了地方国有企业债券违约通过同一实际控制人的风险溢出路径，从而探究地方政府隐性担保被削弱后，企业及区域内部不同产权企业融资成本及水平的变化情况。但是，本书考察的溢出效应无法完全排除经由同一地区、同一行业或者其他的目前没被证实但可能存在的债券违约风险溢出路径的影响。本书只能通过更多的稳健性检验或者在研究设计中排除这些替代溢出效应对本书结果的干扰。但是可以肯定的是，本书所检验的地方国有企业债券违约风险溢出效应无法完全被经由同一地区或同一行业的溢出效应所解释。首先，在概念界定时本书在理论层面强调了国资委控制国企与普通国企的区别，这也是为何采用同一实际控制人构建风险溢出路径的前提；同时，研究样本中不包括中央国有企业，因此与基于同一区域溢出效应的实证设计方式并不重叠。其次，通过对比第五章场景三及第六章债券违约事件不同控制组的回归结果可以发现，国资委控制的国企和非国资委控制的国企依然具有显著差别，将控制组由国资委控制的国企拓宽至所有国企时，所检验的风险溢出效应下降。另外，关于行业风险溢出效应的干扰性解释，本书通过在经由同一国资委控制的基础上进一步识别关联公司是否与发生债券违约的国企属于同一行业，将这部分样本剔除后，所考察的国企债券违约风险溢出效应依然存在且溢出效应更强。因此，在未来研究中，可以通过发现或者构建更为合适的研究场景，更为清晰地分析同一实际控制人下的国企债券违约风险溢出效应，有助于增强因果识别。

第二，本书并未进一步分析地方国有企业债券违约风险溢出后，不同产权性质企业的应对策略。受限于研究样本期后宏观经济形势进一步变化，如新冠疫情等，对于模型因果推断可能具有一定的干扰。通过引入风险溢出企业的应对策略，本书的研究将会构成一个从溢出效应是否存在—溢出效应引发的经济后果—溢出效应应对策略的完整链条，更有利于评价地方国有企业债券违约事件风险溢出效应对于企业融资情况的净效应，从而更好把握宏观调控的力度，有效引导化解债券违约风险。

第三，本书对地方国企债券违约改善区域内产权性质资源配置效率的作用机理还研究得不够深入。本书基于三重差分的估计模型，考察了相较于未发生债券违约地区，发生债券违约地区国企民企资源分配结构的相对变化，并指出不同融资形式下的差距的缩小主要由国企还是由民企主导。在评估区域内部资源配置效率时，仅考虑区域内民企和国企的互动关系对信贷或商业信用配置结构的影响，并未考察区域内民企或国企与区域外企业因供应链而形成的互动关系对区域内民企与国企融资差距的影响。受限于我国上市公司供应链数据的披露并不完整，准确披露上游供应商或下游客户具体名字的样本比例过低，本书仅以产权性质作为上下游企业的评判标准。由于国有企业通常掌握着基础性、关键性的生产要素，本书简化视为民营企业的上游为国有企业。因此，在未来供应商客户等信息公开披露比例增加，或有通过大数据途径构建上市公司的供应链信息时，可以从更为全面的角度挖掘国有企业债券违约风险溢出与资源配置效率的机理。

参 考 文 献

［1］ 才国伟，邵志浩，徐信忠．企业和媒体存在合谋行为吗？——来自中国上市公司媒体报道的间接证据 ［J］.管理世界，2015（7）：158－169.

［2］ 蔡庆丰，吴奇艳．打破"刚兑"与企业融资成本结构分化——基于国有企业债务违约的经验证据 ［J］.经济管理，2022，44（11）：125－147.

［3］ 陈国进，马长峰．金融危机传染的网络理论研究述评 ［J］.经济学动态，2010（2）：116－120.

［4］ 陈汉文，周中胜．内部控制质量与企业债务融资成本 ［J］.南开管理评论，2014，17（3）：103－111.

［5］ 陈艳利，乔菲，孙鹤元．资源配置效率视角下企业集团内部交易的经济后果——来自中国资本市场的经验证据 ［J］.会计研究，2014，324（10）：28－35，96.

［6］ 邓可斌．银行关联如何缓解融资约束：直接机制还是间接机制 ［J］.当代财经，2017（5）：44－56.

［7］ 樊勇，李昊楠．税收征管、纳税遵从与税收优惠——对金税三期工程的政策效应评估 ［J］.财贸经济，2020，41（5）：51－66.

［8］ 范子英，张航，陈杰．公共交通对住房市场的溢出效应与虹吸效应：以地铁为例 ［J］.中国工业经济，2018（5）：99－117.

［9］ 方红星，施继坤，张广宝．产权性质、信息质量与公司债定价——来自中国资本市场的经验证据 ［J］.金融研究，2013（4）：

170 – 182.

[10] 方军雄. 所有制、制度环境与信贷资金配置 [J]. 经济研究, 2007（12）：82 – 92.

[11] 丰若旸，温军. 沪港通会促进我国国有企业技术创新吗？ [J]. 产业经济研究, 2019（4）：88 – 100.

[12] 郭峰，熊瑞祥. 地方金融机构与地区经济增长——来自城商行设立的准自然实验 [J]. 经济学（季刊）, 2018, 17（1）：221 – 246.

[13] 郭玉清，何杨，李龙. 救助预期、公共池激励与地方政府举债融资的大国治理 [J]. 经济研究, 2016, 51（3）：81 – 95.

[14] 国务院发展研究中心《进一步化解产能过剩的政策研究》课题组，赵昌文，许召元，等. 当前我国产能过剩的特征、风险及对策研究——基于实地调研及微观数据的分析 [J]. 管理世界, 2015（4）：1 – 10.

[15] 韩鹏飞，胡奕明. 政府隐性担保一定能降低债券的融资成本吗？——关于国有企业和地方融资平台债券的实证研究 [J]. 金融研究, 2015（3）：116 – 130.

[16] 何熙琼，尹长萍，毛洪涛. 产业政策对企业投资效率的影响及其作用机制研究——基于银行信贷的中介作用与市场竞争的调节作用 [J]. 南开管理评论, 2016, 19（5）：161 – 170.

[17] 何贤杰，朱红军，陈信元. 政府的多重利益驱动与银行的信贷行为 [J]. 金融研究, 2008（6）：1 – 20.

[18] 何德旭，曾敏，张硕楠. 国有资本参股如何影响民营企业？——基于债务融资视角的研究 [J]. 管理世界, 2022, 38（11）：189 – 207.

[19] 胡聪慧，齐云飞. 资本市场与企业投融资决策——来自新股定价制度调整的证据 [J]. 经济研究, 2021, 56（8）：91 – 108.

[20] 胡悦，吴文锋. 商业信用融资和我国企业债务的结构性问题 [J]. 经济学（季刊）, 2022, 22（1）：257 – 280.

［21］黄俊，陈信元，张天舒．公司经营绩效传染效应的研究［J］．管理世界，2013，234（3）：111－118．

［22］黄俊，郭照蕊．新闻媒体报道与资本市场定价效率——基于股价同步性的分析［J］．管理世界，2014（5）：121－130．

［23］黄小琳，朱松，陈关亭．债券违约对涉事信用评级机构的影响——基于中国信用债市场违约事件的分析［J］．金融研究，2017（3）：130－144．

［24］江伟，姚文韬．《物权法》的实施与供应链金融——来自应收账款质押融资的经验证据［J］．经济研究，2016，51（1）：141－154．

［25］姜付秀，陆正飞．多元化与资本成本的关系——来自中国股票市场的证据［J］．会计研究，2006（6）：48－55，97．

［26］姜付秀，朱冰，王运通．国有企业的经理激励契约更不看重绩效吗？［J］．管理世界，2014（9）：143－159．

［27］李春涛，闫续文，宋敏，等．金融科技与企业创新——新三板上市公司的证据［J］．中国工业经济，2020（1）：81－98．

［28］李丽，周宗放．企业集团信用风险动态传染机理研究［J］．管理评论，2015，27（1）：48－56．

［29］李青原．会计信息质量与公司资本配置效率——来自我国上市公司的经验证据［J］．南开管理评论，2009，12（2）：115－124．

［30］李寿喜．产权、代理成本和代理效率［J］．经济研究，2007（1）：102－113．

［31］李维安，王鹏程，徐业坤．慈善捐赠、政治关联与债务融资——民营企业与政府的资源交换行为［J］．南开管理评论，2015，18（1）：4－14．

［32］林毅夫，李永军．中小金融机构发展与中小企业融资［J］．经济研究，2001（1）：10－18，53－93．

［33］林毅夫，李志赟．政策性负担、道德风险与预算软约束［J］．经济研究，2004（2）：17－27．

[34] 林毅夫,刘明兴,章奇.政策性负担与企业的预算软约束:来自中国的实证研究 [J].管理世界,2004 (8):81-89.

[35] 林毅夫,孙希芳.信息、非正规金融与中小企业融资 [J].经济研究,2005 (7):35-44.

[36] 刘海明,曹廷求.续贷限制对微观企业的经济效应研究 [J].经济研究,2018,53 (4):108-121.

[37] 刘莉亚,余晶晶,杨金强,等.竞争之于银行信贷结构调整是双刃剑吗?——中国利率市场化进程的微观证据 [J].经济研究,2017,52 (5):131-145.

[38] 刘启亮,李祎,张建平.媒体负面报道、诉讼风险与审计契约稳定性——基于外部治理视角的研究 [J].管理世界,2013 (11):144-154.

[39] 刘青松,肖星.败也业绩,成也业绩?——国企高管变更的实证研究 [J].管理世界,2015 (3):151-163.

[40] 刘瑞明,石磊.上游垄断、非对称竞争与社会福利——兼论大中型国有企业利润的性质 [J].经济研究,2011,46 (12):86-96.

[41] 刘瑞明.中国的国有企业效率:一个文献综述 [J].世界经济,2013,36 (11):136-160.

[42] 刘行,赵健宇,叶康涛.企业避税、债务融资与债务融资来源——基于所得税征管体制改革的断点回归分析 [J].管理世界,2017 (10):113-129.

[43] 卢文鹏,尹晨.隐性担保、补偿替代与政府债务——兼论我国的财政风险问题 [J].财贸经济,2004 (1):55-61,67.

[44] 陆正飞.企业适度负债的理论分析与实证研究 [J].经济研究,1996 (2):52-58.

[45] 陆正飞,杨德明.商业信用:替代性融资,还是买方市场? [J].管理世界,2011 (4):6-14,45.

[46] 陆正飞,祝继高,樊铮.银根紧缩、信贷歧视与民营上市公

司投资者利益损失 [J]. 金融研究, 2009 (8): 124-136.

[47] 罗荣华, 刘劲劲. 地方政府的隐性担保真的有效吗? ——基于城投债发行定价的检验 [J]. 金融研究, 2016 (4): 83-98.

[48] 马红, 王元月. 融资约束、政府补贴和公司成长性——基于我国战略性新兴产业的实证研究 [J]. 中国管理科学, 2015, 23 (S1): 630-636.

[49] 马曙光, 黄志忠, 薛云奎. 股权分置、资金侵占与上市公司现金股利政策 [J]. 会计研究, 2005 (9): 44-50.

[50] 马文涛, 马草原. 政府担保的介入、稳增长的约束与地方政府债务的膨胀陷阱 [J]. 经济研究, 2018, 53 (5): 72-87.

[51] 毛锦, 蔡淑琴. 信息不对称前提下银行信贷活动的博弈分析 [J]. 经济经纬, 2006 (5): 138-141.

[52] 宁博, 潘越, 陈秋平, 等. 信用风险传染与企业盈余管理: 基于信用债违约的视角 [J]. 会计研究, 2020 (3): 66-77.

[53] 潘爱玲, 刘昕, 吴倩. 跨所有制并购、制度环境与民营企业债务融资成本 [J]. 会计研究, 2019 (5): 3-10.

[54] 潘红波, 夏新平, 余明桂. 政府干预、政治关联与地方国有企业并购 [J]. 经济研究, 2008, 480 (4): 41-52.

[55] 任胜钢, 郑晶晶, 刘东华, 等. 排污权交易机制是否提高了企业全要素生产率——来自中国上市公司的证据 [J]. 中国工业经济, 2019 (5): 5-23.

[56] 申香华. 银行风险识别、政府财政补贴与企业债务融资成本——基于沪深两市 2007-2012 年公司数据的实证检验 [J]. 财贸经济, 2014 (9): 62-71.

[57] 石绍宾, 尹振东, 汤玉刚. 财政分权、融资约束与税收政策周期性 [J]. 经济研究, 2019, 54 (9): 90-105.

[58] 石晓军, 张顺明. 商业信用、融资约束及效率影响 [J]. 经济研究, 2010, 45 (1): 102-114.

[59] 孙昌玲，王化成，王芃芃．企业核心竞争力对供应链融资的影响：资金支持还是占用？[J]．中国软科学，2021（6）：120－134．

[60] 孙浦阳，李飞跃，顾凌骏．商业信用能否成为企业有效的融资渠道——基于投资视角的分析 [J]．经济学（季刊），2014，13（4）：1637－1652．

[61] 唐雪松，周晓苏，马如静．政府干预、GDP 增长与地方国企过度投资 [J]．金融研究，2010（8）：33－48．

[62] 陶然，刘峰．债权人信息需求与高质量信息供给——基于债券市场"刚性兑付"打破的经验证据 [J]．会计研究，2021（2）：47－60．

[63] 万悦，孙巍，盖国凤．生产资源配置的有效性研究 [J]．工业技术经济，1997（5）：19－21．

[64] 汪莉，陈诗一．政府隐性担保、债务违约与利率决定 [J]．金融研究，2015（9）：66－81．

[65] 汪伟立．政府隐性担保与降低债券风险溢价——基于我国城投债的实证研究 [J]．宏观经济研究，2017（11）：51－59．

[66] 王博森，吕元稹，叶永新．政府隐性担保风险定价：基于我国债券交易市场的探讨 [J]．经济研究，2016，51（10）：155－167．

[67] 王宏博．违约事件影响信用债风险溢价吗？——来自交易所债券市场的证据 [J]．投资研究，2020，39（1）：134－154．

[68] 王鹏涛．民间金融与中小企业融资 [J]．财经问题研究，2002（4）：39－41．

[69] 王茹婷，彭方平，李维，等．打破刚性兑付能降低企业融资成本吗？[J]．管理世界，2022，38（4）：42－64．

[70] 王文甫，明娟，岳超云．企业规模、地方政府干预与产能过剩 [J]．管理世界，2014（10）：17－36，46．

[71] 王叙果，沈红波，钟霖佳．政府隐性担保、债券违约与国企信用债利差 [J]．财贸经济，2019，40（12）：65－78．

[72] 王彦超，姜国华，辛清泉．诉讼风险、法制环境与债务成本 [J]．会计研究，2016 (6)：30 - 37, 94.

[73] 王义中，何帆．金融危机传导的资产负债表渠道 [J]．世界经济，2011, 34 (3)：51 - 71.

[74] 王永钦，刘思远，杜巨澜．信任品市场的竞争效应与传染效应：理论和基于中国食品行业的事件研究 [J]．经济研究，2014, 49 (2)：141 - 154.

[75] 王永钦．"脱嵌"是如何发生的 [M]．北京：社会科学文献出版社，2014.

[76] 王宇伟，盛天翔，周耿．宏观政策、金融资源配置与企业部门高杠杆率 [J]．金融研究，2018 (1)：36 - 52.

[77] 王运通，姜付秀．多个大股东能否降低公司债务融资成本 [J]．世界经济，2017, 40 (10)：119 - 143.

[78] 王占浩，郭菊娥，薛勇，等．"11 超日债"事件对投资者刚性兑付信念的影响——基于事件研究法 [J]．证券市场导报，2015 (3)：45 - 52.

[79] 王竹泉，翟士运，王贞洁．商业信用能够帮助企业渡过金融危机吗？[J]．经济管理，2014, 36 (8)：42 - 53.

[80] 魏明海，赖婧，张皓．隐性担保、金融中介治理与公司债券市场信息效率 [J]．南开管理评论，2017, 20 (1)：30 - 42.

[81] 吴敬琏．产业政策面临的问题：不是存废，而是转型 [J]．兰州大学学报（社会科学版），2017, 45 (6)：1 - 9.

[82] 吴育辉，吴世农．企业高管自利行为及其影响因素研究——基于我国上市公司股权激励草案的证据 [J]．管理世界，2010 (5)：141 - 149.

[83] 谢柳芳，韩梅芳．政府财政信息披露在国家审计服务国家治理中的作用路径研究 [J]．审计研究，2016, 191 (3)：63 - 70.

[84] 辛兵海，张志超．资源依赖降低了财政透明度吗——基于我

国 288 个城市样本的分析 [J]. 财贸经济，2014，393 (8)：24 – 37.

[85] 邢会，王飞，高素英. 政府补助促进企业实质性创新了吗——资源和信号传递双重属性协同视角 [J]. 现代经济探讨，2019 (3)：57 – 64.

[86] 熊艳，李常青，魏志华. 媒体"轰动效应"：传导机制、经济后果与声誉惩戒——基于"霸王事件"的案例研究 [J]. 管理世界，2011 (10)：125 – 140.

[87] 许友传，刘庆富，陈可桢. 中国政府对上市银行的隐性救助概率和救助成本 [J]. 金融研究，2012 (10)：60 – 74.

[88] 薛健，汝毅. 信息披露业务关系与新闻报道质量 [J]. 管理世界，2020，36 (10)：139 – 156.

[89] 杨朝军，蔡明超，刘波. 上海股市基于会计信息反应半强式有效性实证分析 [J]. 预测，1999 (5)：42 – 43，53.

[90] 杨璐，方静. 适应性预期与债券发行信用溢价 [J]. 国际金融研究，2021 (8)：76 – 86.

[91] 于蔚，汪淼军，金祥荣. 政治关联和融资约束：信息效应与资源效应 [J]. 经济研究，2012，47 (9)：125 – 139.

[92] 于忠泊，田高良，齐保垒，等. 媒体关注的公司治理机制——基于盈余管理视角的考察 [J]. 管理世界，2011 (9)：127 – 140.

[93] 余明桂，李文贵，潘红波. 民营化、产权保护与企业风险承担 [J]. 经济研究，2013，48 (9)：112 – 124.

[94] 余明桂，潘红波. 金融发展、商业信用与产品市场竞争 [J]. 管理世界，2010 (8)：117 – 129.

[95] 余明桂，潘红波. 政治关系、制度环境与民营企业银行贷款 [J]. 管理世界，2008 (8)：9 – 21.

[96] 张川川，李雅娴，胡志安. 社会养老保险、养老预期和出生人口性别比 [J]. 经济学（季刊），2017，16 (2)：749 – 770.

[97] 张春强，鲍群，盛明泉. 公司债券违约的信用风险传染效应

研究——来自同行业公司发债定价的经验证据 [J]. 经济管理, 2019, 41 (1): 174 –190.

[98] 张吉鹏, 衣长军, 李凝. 国有企业控制权转移对企业风险承担的影响 [J]. 财贸经济, 2021, 42 (8): 130 –144.

[99] 张金林, 李健. 企业集团信用风险传染及治理: 基于复杂网络理论的分析 [J]. 中国软科学, 2020 (10): 119 –136.

[100] 张金鑫, 王逸. 会计稳健性与公司融资约束——基于两类稳健性视角的研究 [J]. 会计研究, 2013 (9): 44 –50, 96.

[101] 张莉, 年永威, 刘京军. 土地市场波动与地方债——以城投债为例 [J]. 经济学 (季刊), 2018 (3): 1103 –1126.

[102] 张敏, 张胜, 王成方, 等. 政治关联与信贷资源配置效率——来自我国民营上市公司的经验证据 [J]. 管理世界, 2010, 206 (11): 143 –153.

[103] 张琦, 方恬. 政府部门财务信息披露质量及影响因素研究 [J]. 会计研究, 2014, 326 (12): 53 –59, 96.

[104] 张维迎, 柯荣住. 信任及其解释: 来自中国的跨省调查分析 [J]. 经济研究, 2002 (10): 59 –70.

[105] 张伟华, 毛新述, 刘凯璇. 利率市场化改革降低了上市公司债务融资成本吗? [J]. 金融研究, 2018 (10): 106 –122.

[106] 张文魁. 我国企业发展政策的历史逻辑与未来取向 [J]. 管理世界, 2021, 37 (12): 15 –25, 40.

[107] 张文魁, 袁东明. 中国经济改革 30 年——国有企业卷 (1978 –2008) [M]. 重庆: 重庆大学出版社, 2008.

[108] 张修平, 高鹏, 王化成. 业绩冲击与商业信用——基于集团控股上市公司的经验证据 [J]. 经济科学, 2020, 236 (2): 48 –60.

[109] 张雪莹, 刘茵伟. 债券违约的地区传染效应研究——基于债券二级市场数据 [J]. 财务研究, 2021 (3): 22 –31.

[110] 张雪莹, 王玉琳. 地方政府债务治理与政府隐性担保效

果——基于债券市场数据的分析 [J]. 证券市场导报, 2019 (1): 28 - 36, 46.

[111] 郑登津, 闫天一. 会计稳健性、审计质量和债务成本 [J]. 审计研究, 2016 (2): 74 - 81.

[112] 钟辉勇, 钟宁桦, 朱小能. 城投债的担保可信吗? ——来自债券评级和发行定价的证据 [J]. 金融研究, 2016 (4): 66 - 82.

[113] 钟宁桦, 陈姗姗, 马惠娴, 等. 地方融资平台债务风险的演化——基于对"隐性担保"预期的测度 [J]. 中国工业经济, 2021 (4): 5 - 23.

[114] 周开国, 应千伟, 钟畅. 媒体监督能够起到外部治理的作用吗? ——来自中国上市公司违规的证据 [J]. 金融研究, 2016 (6): 193 - 206.

[115] 周小川. 关于改变宏观和微观顺周期性的进一步探讨 [J]. 中国金融, 2009 (8): 8 - 11.

[116] 朱凯, 陈信元. 金融发展、审计意见与上市公司融资约束 [J]. 金融研究, 2009 (7): 66 - 80.

[117] 朱凯, 万华林, 陈信元. 控股权性质、IPO 与银行信贷资源配置——基于金融发展环境的分析 [J]. 金融研究, 2010 (5): 179 - 190.

[118] 祝继高, 陆正飞. 产权性质、股权再融资与资源配置效率 [J]. 金融研究, 2011 (1): 131 - 148.

[119] Acemoglu D, Carvalho V M, Ozdaglar A, et al. The network origins of aggregate fluctuations [J]. Econometrica, 2012, 80 (5): 1977 - 2016.

[120] Acemoglu D, Ozdaglar A, Tahbaz - Salehi A. Systemic risk and stability in financial networks [J]. American Economic Review, 2015, 105 (2): 564 - 608.

[121] Adams Z, Füss R, Gropp R. Spillover effects among financial

institutions：A state-dependent sensitivity value-at-risk approach ［J］. Journal of Financial and Quantitative Analysis, 2014, 49 (3)：575 – 598.

［122］ Adrian T, Shin H S. The shadow banking system：Implications for financial regulation ［J］. FRB of New York Staff Report, 2009 (382).

［123］ Ahern K R, Sosyura D. Rumor has it：Sensationalism in financial media ［J］. The Review of Financial Studies, 2015, 28 (7)：2050 – 2093.

［124］ Allen F, Gale D. Financial contagion ［J］. Journal of Political Economy, 2000, 108 (1)：1 – 33.

［125］ Allen F, Qian J, Qian M. Law, finance, and economic growth in China ［J］. Journal of Financial Economics, 2005, 77 (1)：57 – 116.

［126］ Almond D, Li H, Zhang S. Land reform and sex selection in China ［J］. Journal of Political Economy, 2019, 127 (2)：560 – 585.

［127］ Amiti M, Weinstein D E. Exports and financial shocks ［J］. The Quarterly Journal of Economics, 2011, 126 (4)：1841 – 1877.

［128］ Amstad M, He Z. Chinese bond markets and interbank market ［M］. Princeton University Press, 2020.

［129］ Armstrong C S, Guay W R, Weber J P. The Role of information and financial reporting in corporate governance and debt contracting ［J］. Journal of Accounting and Economics, 2010, 50 (2 – 3)：179 – 234.

［130］ Azizpour S, Giesecke K, Schwenkler G. Exploring the sources of default clustering ［J］. Journal of Financial Economics, 2018, 129 (1)：154 – 183.

［131］ Bams D, Pisa M, Wolff C C P. Ripple effects from industry defaults ［J］. CEPR Discussion Papers, 2015.

［132］ Bernanke B S, Gertler M, Gilchrist S. The financial accelerator in a quantitative business cycle framework ［J］. Handbook of Macroeconomics, 1999 (1)：1341 – 1393.

［133］ Bernanke B S. The future of mortgage finance in the United States ［J］. B E Journal of Economic Analysis and Policy, 2009, 9 (3).

［134］ Berndt A, Ritchken P, Sun Z. On correlation and default clustering in credit markets ［J］. Review of Financial Studies, 2010, 23 (7): 2680 – 2729.

［135］ Bhojraj S, Sengupta P. Effect of corporate governance on bond ratings and yields: The role of institutional investors and outside directors ［J］. The Journal of Business, 2003, 76 (3): 455 – 475.

［136］ Boone A L, Ivanov V I. Bankruptcy spillover effects on strategic alliance partners ［J］. Journal of Financial Economics, 2012, 103 (3): 551 – 569.

［137］ Boubakri N, Ghouma H. Control ownership structure, creditor rights protection, and the cost of debt financing: International evidence ［J］. Journal of Banking & Finance, 2010, 34 (10): 2481 – 2499.

［138］ Brandt L, Li H. Bank discrimination in transition economies: ideology, information, or incentives? ［J］. Journal of Comparative Economics, 2003, 31 (3): 387 – 413.

［139］ Brunnermeier M K. Deciphering the liquidity and credit crunch 2007 – 2008 ［J］. Journal of Economic Perspectives, 2009, 23 (1): 77 – 100.

［140］ Brusco S, Castiglionesi F. Liquidity coinsurance, moral hazard, and financial contagion ［J］. The Journal of Finance, 2007, 62 (5): 2275 – 2302.

［141］ Cai X, Lu Y, Wu M, et al. Does environmental regulation drive away inbound foreign direct investment? Evidence from a quasi-natural experiment in China ［J］. Journal of Development Economics, 2016, 123: 73 – 85.

［142］ Chang J H, Hung M W, Tsai F T. Credit contagion and competitive effects of bond rating downgrades along the supply chain [J]. Finance Research Letters, 2015, 15: 232 – 238.

[143] Chava S, Jarrow R A. Bankruptcy prediction with industry effects [J]. Review of Finance, 2004, 8 (4): 537 – 569.

[144] Coase R H. The nature of the firm [M]. Macmillan Education UK, 1995.

[145] Cull R, Xu L C, Zhu T. Formal finance and trade credit during China's transition [J]. Journal of Financial Intermediation, 2009, 18 (2): 173 – 192.

[146] Das S R, Duffie D, Kapadia N, et al. Common failings: How corporate defaults are correlated [J]. The Journal of Finance, 2007, 62 (1): 93 – 117.

[147] De Bandt O, Hartmann P. Systemic risk: A survey [J]. Available at SSRN 258430, 2000.

[148] DeFond M L, Hann R N, Hu X. Does the market value financial expertise on audit committees of boards of directors? [J]. Journal of Accounting Research, 2005, 43 (2): 153 – 193.

[149] Drake M S, Guest N M, Twedt B J. The media and mispricing: The role of the business press in the pricing of accounting information [J]. The Accounting Review, 2014, 89 (5): 1673 – 1701.

[150] Easley D, O'hara M. Information and the cost of capital [J]. The Journal of Finance, 2004, 59 (4): 1553 – 1583.

[151] Fazzari S M, Athey M J. Asymmetric information, financing constraints, and investment [J]. The Review of Economics and Statistics, 1987: 481 – 487.

[152] Flannery M J, Sorescu S M. Evidence of bank market discipline in subordinated debenture yields: 1983 – 1991 [J]. Journal of Finance, 1996, 51 (4): 1347 – 1377.

［153］Gao H, Wang J, Wang Y, et al. Media coverage and the cost of debt ［J］. Journal of Financial and Quantitative Analysis, 2020, 55 (2): 429 – 471.

［154］Gertler M, Karadi P. A model of unconventional monetary policy ［J］. Journal of Monetary Economics, 2011, 58 (1): 17 – 34.

［155］Ge Y, Qiu J. Financial development, bank discrimination and trade credit ［J］. Journal of Banking & Finance, 2007, 31 (2): 513 – 530.

［156］Glasserman P, Young H P. Contagion in financial networks ［J］. Journal of Economic Literature, 2016, 54 (3): 779 – 831.

［157］Grossman S J, Hart O D. The costs and benefits of ownership: A theory of vertical and lateral integration ［J］. Journal of Political Economy, 1986, 94 (4): 691 – 719.

［158］Hart O, Moore J. Property rights and the nature of the firm ［J］. Journal of Political Economy, 1990, 98 (6): 1119 – 1158.

［159］Hu X, Luo H, Xu Z, et al. Intra-industry spillover effect of default: Evidence from the Chinese bond market ［J］. Accounting & Finance, 2021, 61 (3): 4703 – 4740.

［160］Jensen M C, Meckling W H. Theory of the firm: Managerial behavior, agency costs and ownership structure ［M］. Corporate Governance, 2019: 77 – 132.

［161］Jin S, Wang W, Zhang Z. The value and real effects of implicit government guarantees ［J］. Management Sciences, 2022: 4483.

［162］Jorion P, Zhang G. Good and bad credit contagion: Evidence from credit default swaps ［J］. Journal of Financial Economics, 2007, 84 (3): 860 – 883.

［163］Khwaja A I, Mian A. Do lenders favor politically connected firms? Rent provision in an emerging financial market ［J］. The Quarterly Journal of Economics, 2005, 120 (4): 1371 – 1411.

［164］ Kiyotaki N, Moore J. Balance-sheet contagion ［J］. American Economic Review, 2002, 92 (2): 46 – 50.

［165］ Koo J, Kiser S L. Recovery from a financial crisis: The case of South Korea ［J］. Economic and Financial Review, 2001, 4 (4): 24 – 36.

［166］ Leitner Y. Financial networks: Contagion, commitment, and private sector bailouts ［J］. Journal of Finance, 2005, 60 (6): 2925 – 2953.

［167］ Li H, Zhou L A. Political turnover and economic performance: The incentive role of personnel control in China ［J］. Journal of Public Economics, 2005, 89 (9 – 10): 1743 – 1762.

［168］ Livingston M, Poon W P, Zhou L. Are Chinese credit ratings relevant? A study of the Chinese bond market and credit rating industry ［J］. Journal of Banking & Finance, 2018, 87: 216 – 232.

［169］ Love I, Preve L A, Sarria – Allende V. Trade credit and bank credit: Evidence from recent financial crises ［J］. Journal of Financial Economics, 2007, 83 (2): 453 – 469.

［170］ Massa M, Zhang L. The spillover effects of hurricane Katrina on corporate bonds and the choice between bank and bond financing ［J］. Journal of Financial and Quantitative Analysis, 2021, 56 (3): 885 – 913.

［171］ Miller G S. The Press as a watchdog for accounting fraud ［J］. Journal of Accounting Research, 2006, 44: 1001 – 1033.

［172］ Mistrulli P E. Assessing financial contagion in the interbank market: Maximum entropy versus observed interbank lending patterns ［J］. Journal of Banking & Finance, 2011, 35 (5): 1114 – 1127.

［173］ Nanda V, Wu W, Zhou X A. Investment commonality across insurance companies: Fire sale risk and corporate yield spreads ［J］. Journal of Financial and Quantitative Analysis, 2019, 54 (6): 2543 – 2574.

［174］ O'Hara M, Shaw W. Deposit insurance and wealth effects: The value of being "too big to fail" [J]. The Journal of Finance, 1990, 45 (5): 1587 – 1600.

[175] Penas M F, Unal H. Gains in bank mergers: Evidence from the bond markets [J]. Journal of Financial Economics, 2004, 74 (1): 149 – 179.

[176] Petersen K J, Handfield R B, Lawson B, et al. Buyer dependency and relational capital formation: The mediating effects of socialization processes and supplier integration [J]. Journal of Supply Chain Management, 2008, 44 (4): 53 – 65.

[177] Pittman J A, Fortin S. Auditor choice and the cost of debt capital for newly public firms [J]. Journal of Accounting and Economics, 2004, 37 (1): 113 – 136.

[178] Rime B. Do too-big-to-fail expectations boost large banks issuer ratings [J]. Swiss National Banks, Systemic Stability Section: Working Paper (May 9), 2005.

[179] Schwartz R A. An economic model of trade credit [J]. Journal of Financial and Quantitative Analysis, 1974, 9 (4): 643 – 657.

[180] Shin H S. Risk and liquidity in a system context [J]. Journal of Financial Intermediation, 2008, 17 (3): 315 – 329.

[181] Tang Z, Tang J. Can the media discipline Chinese firms' pollution behaviors? The Mediating effects of the public and government [J]. Journal of Management, 2016, 42: 1700 – 1722.

[182] Tirole J. Incomplete contracts: Where do we stand? [J]. Econometrica, 1999, 67 (4): 741 – 781.

[183] Whited T M, Zhao J. The Misallocation of Finance [J]. The Journal of Finance, 2021, 76 (5): 2359 – 2407.

[184] Wilson J O S, Casu B, Girardone C, et al. Emerging themes in banking: Recent literature and directions for future research [J]. The British Accounting Review, 2010, 42 (3): 153 – 169.

后　记

（一）

　　很长一段时间，蜗居于房间中，伏案写作，忙于博论构思、书写和修改。窗户成为区分时间的工具，天气被单纯地分为白天和黑天。今天论文完稿，外出散步，不觉发现阳光已这么好，原来成都的春天已经来了很久了。当我在房间内凝神聚思，或奋笔疾书，或发呆放空，或一筹莫展时，原来阳光都在陪着我啊。私以为，3月是成都最好的一个月份，阳光暖暖地打在身上，老旧的楼房外墙，带着油污的马路都变得夺目，风拂杨柳丝丝，日照梅花染染，带着由内而出的生机和希望。虽周而复始，但都走在正确的方向上。

　　回顾我求学的二十余载，从内蒙古的东北小镇，到上海取得学士学位，又来到成都开启硕博生涯，不论欢乐与忧愁，得失与成败，我一直坚持着自己的学术理想，秉承着自己的赤子之心。我想，人生历程大概就是逐渐学会如何与这个世界建立关系的过程吧。从认知，追随，到对抗到不断反复挖掘自我，我一直在这个路上，而六年的硕博生活对我影响最深。学术研究是一个创造性的过程，而创造是需要灵感和体验的。财大丰富的课程安排和先进的教学模式，使得我在六年的硕博学习过程中有大量的时间去进行自我挖掘，认真思考一些研究话题。恩师唐雪松教授对我学术思维的锻炼，学科知识的积累，学术研究范式的传授，让我明白如何去寻找研究话题，构思研究内容，形成规范的研究成果。同时，学院的海外短期课程、研讨班以及师门每周的读书会成为我接触和了解前沿话题的重要途径。

博士论文的选题来源于我多年的研究兴趣，债券市场和公司融资问题一直是我感兴趣的研究话题。我的第一篇学术论文从城投债的发行利率切入，考察了国家审计对地方政府债务风险的防范作用。在写作过程中，通过恩师的指导和反复的交流修改，对我国地方政府债务形成原因、现状有了较为深刻的理解。在这基础上，我尝试将债券市场和股票市场联系起来，第二篇学术论文借助我国刚性兑付打破的背景，考察了信用评级市场供求失衡下，公司的信息披露决策，这加深了我对债券市场和信用评级行业的认识，此后，我的研究兴趣一直围绕着公司融资和信息披露两大主题展开。这些研究素材和资料的积累，让我逐渐形成联系实际构思研究话题的学术习惯，也认识到在中国特色社会主义经济体系下，太多值得探究和深入思考的新话题。

2020 年 11 月河南国企永煤债违约事件引发市场广泛关注，这使我意识到国企债券违约的底层逻辑可能和民企债券违约有较大差异，加之我国正处于供给侧结构性改革、防范化解金融风险的重要阶段，促使我形成探究国企债券违约风险溢出效应的想法。2021 年 8 月，我与恩师交流了研究内容，在恩师和博论开题答辩各位老师的建议下逐渐形成了研究框架。此后，由于其他研究项目的推进，博论一直处于搁置状态，但在这过程中我也一直积累着研究话题相关的文献和研究方法，并关注债券市场违约情况的变化。截至 2022 年 5 月，根据 CSMAR 数据、天眼查和同花顺 ifind 等，我搜集并形成国资委控制的上市公司和发债企业的数据。但无奈于还有其他研究项目的投稿、修改、复议工作，直至2022 年 11 月中旬，我才全身心投入博论的数据处理、模型构建与写作过程中。

2022 年底，新冠疫情管控全面放开，人们在兴奋之余也不免成为病毒的寄存者，新冠病毒就像本书所考察的债券违约风险一样迅速蔓延，大部分人都不能幸免，我也不例外。犹记得 2022 年的最后一天，大家沉浸在跨年和辞旧迎新的喜悦中，博士生工作室只剩余我一人。下午两点时，我莫名感到身体发冷，战战兢兢，我以为是空调功效下降，或是工作室只有我一人的缘故，只能多喝热水取暖。当时的想法是把剩余的两篇文献看完再回寝室取暖，就这样坚持到下午六点半。回寝室的路上，天已经有点黑了，整个人瑟瑟发抖到后背只能佝偻着行走，包中的电脑不觉有千斤重，那段路漫长到每一步都是煎熬。回到寝室后，我把房间的所有取暖设备都打开了，缩到被窝中开始取暖，身体温度开始轰轰烈烈地燃起来了，脑袋里像有一场激烈的台球比赛一样，一直四处撞着脑壁，那时候我才意识到我也感染新冠了。就这样在2022年的跨年夜里，身心均在和病毒作对抗，头痛难以入睡，我听起了常听的百家讲坛，还好意识还是清醒的，至今记得是楚庄王一鸣惊人、问鼎中原的典故。

就这样，本来计划好的博论进程又被推迟了，新冠康复后整个人还是恹恹的，味觉和嗅觉丧失的困恼还在其次，最令我烦躁的是感觉自己无法集中精力思考问题，大脑定格画面的想象力似乎丧失了。这让我一度怀疑自己思考能力能否恢复，迁移至博论上，开始苦恼自己的博论是否还能如期完成，自己是否还能顺利毕业，已设想好的计划和展望都被打乱，自己好像又站在原点茫然无措。幸运的是，毅力和自我挖掘的意识战胜了一切，包括身体的不适、心里的困顿，在那段时间，我忘我地投入论文的写作和研究过程中，并为一些新的发现而开心，时时和朋友交流取得的进展和研究成果，我觉得我又回来了，大概这就是创造性工作的魅力吧。而这段经历似乎正投射了我六年的硕博生涯，我二十余载的求学过程，所幸我一直保持着对事物的敏锐和好奇，对这个世界的新奇感受和新鲜体验，这些过往岁月里的尝试和坚持，在今日一一将我击中。

2023年3月于成都

（二）

距离博士毕业已经一年有余，我很欣喜能够将博论转换为我人生中的第一本书。

促使本书出版的原因主要有两个方面。一方面，源于我对债券市场持续的研究热情。我记得成为硕士研究生后，参加的第一场讲座即为李增泉老师的现实主义会计。现实主义会计学认为，会计研究一定是立足于现实世界和环境中的会计行为。那么，立足于中国的资本市场，过去几十年的发展一定有不同于西方资本市场的特殊之处，一定有传统西方资本理论无法解释的地方。李老师当时鼓励我们，做研究时便可以从这些传统理论无法解释但在中国资本市场中却又合理存在的现象入手。在这些情形下，中国资本市场中一定存在其特殊的替代性机制。这使得我一开始做研究时没有执着于股票市场，而是把目光投向了我国的债券市场。我国债券市场有太多与西方不同的地方，比如政府信用在市场中占有重要地位、多头监管、银行是主要债券持有人等。然而，在种种看似不完美的机制下，我国债券市场却在几十年间成为全球第二大债券市场，形成了颇具"中国特色"的债券市场体系。

在开始了解债券市场研究时，我就感觉到了其制度的复杂性，但是这种复杂性恰恰带来了一些有趣的研究问题。那时，债券市场刚性兑付信仰还一直深入人心，债券违约极少发生，极个别的国有企业债券违约也未在市场上引起波澜，直到 2020 年的永煤债事件，市场恐慌情绪蔓延，债券市场中的地方政府担保受到撼动。然而，债券违约又是市场经济中的正常现象，是促进资源合理配置的正常手段。因此，债券违约具有两面性，而现有研究更多关注的是其负面效应，这促使我开始关注债券违约方面的研究，这也是本书的逻辑起点。直至今天，我一直在追踪债券市场方面的研究，也看到了相关监管部门近两年发布的多部与债券市场改革相关的规章制度。未来，债券市场改革将进一步促进资源向民营企业流动、向高科技融资主体流动，进一步促进投融资主体的多元性，提高市场流动性。

另一方面，本书的出版源于我对文字的喜爱。年少时我便很喜欢看书、写文章，虽然写作水平到现在都没有什么长进。那时候常常流连于各个书店，后来镇上开了一个租书店，我就经常造访。那时一张会员卡可以一次租借三本书，我通常在一周内读完，每到周末就把书还回去再借新的书。老师布置作文作业，我总会一反常态，按照既定"亮观点—举案例—扣主题"的结构写作，并尝试采用一些新奇的结构去点题、表明观点。于我而言，写作不是一种负担，反而每次写完都觉得很尽兴。那段时间，我写了很多文字，包括散文、小说，至今唯一一次上过电视，是因为写的一篇文章获得作文大赛一等奖，受到县城电视台采访。上高中后，繁忙的学业让我减少了课外书籍的阅读，偶尔的一些文章更像是一种随笔记录。直到某一天得知我的初中同学竟然将自己的儿时日记整理并正式出版为一本书，尤其是读到书中某些文字记录着自己和初中同学的趣事，瞬间就想起了那些鲜活的时刻。

这是文字的力量，尤其是在流媒体快速发展的当下，文字这种媒介不会提供具化的图像，但它给予每个读者独一无二的灵感和遐想。很庆幸，从年少到现在我依然能够通过写文章延续这样的内心创造。

感谢经济科学出版社，感谢本书稿的责任编辑侯雅琦，你的专业和细心是本书顺利出版不可或缺的一部分。

这本书得以及时出版还要感谢重庆市社科规划一般项目、重庆理工大学高水平人才科研资金启动项目、重庆理工大学会计学院专著出版计划、重庆理工大学两金培育项目的资助。

2025 年 2 月定稿于重庆